머무르고 싶었던 그 순간들

꿈결처럼 스치는 아름다운 순간들을 이 책에 담았습니다.
잊고 지냈던 소중한 추억들이 잔잔한 위로와 따뜻한 온기로 다가옵니다.
일상 속 작은 행복을 발견하는 특별한 시간이
마음이 머무는 곳, 바로 <머무르고 싶었던 그 순간들>입니다.

prologue

"머물고 싶었던 그 순간들을 남기고 싶었습니다"

　언론계에 몸담아 반평생 넘게 글을 써왔지만, 만족할 만한 글을 써보지 못하고 불만 속에 직업적인 글쓰기로 노동만 했을 뿐이다. 그동안 작은 목소리지만 진심을 담은 메시지는 소리 없는 메아리가 되었고, 자신의 울분을 토하는 데 만족해야 했다. 설득력 있는 메시지를 담은 책들은 독자들의 외면 속에 책장의 한편에 장식되어 있고, 훌륭한 귀감 사례를 엮은 책들도 제목만 훑어보고 한쪽으로 밀려나 폐지 처분을 기다리고 있다. 디지털 영상 시대에 전통적인 활자 도서들이 외면받고 있다는 사실을 알지만, 역사적인 기록과 보존을 중시하는 세대로서 내일을 위해 이 책을 펴냈다.

　다양한 이유로 글을 쓰지만, 필자는 자아 만족이나 성찰을 위해 글을 쓰면서 삶의 번뇌를 극복하기도 한다. 글은 자신과의 소통으로, 글을 쓸 때만은 무아지경(無我地境)에 빠져든다. 희로애락의 감정이 글 속에 녹아들기 때문이다. 정치나 경제가 힘들 때는 울화를 삭이기 위해 자판을 두드리기도 한다. 변화와 혁신을 위해 목소리를 내고 울림을 기다리지만, 그들의 우이독경(牛耳讀經)에 회의를 느끼며 희망을 잃는다. 결국 무력함에 그들을 향한 메시지를 포기하고 성찰로 자위하는 길을 찾게 된다. 그러면 울분이 순화되고 세상이 아름다워진다.

정치는 그들만의 리그전으로 이전투구(泥田鬪狗)에 여념이 없고, 진영 논리로 무장한 정치꾼들의 농간에 분노하고 싶지 않아 시사 칼럼을 접고 심연의 소리를 나누고자 에세이에 관심을 두게 됐다. 언론 매체를 통한 글들은 언론인이라는 선입견에 따른 평가를 듣지만, 일반 독자와는 진심을 담은 순수한 글로 소통하고 싶었기 때문이다. 물론 독자를 위한 글이라기보다 자기만족을 위한 글이지만, 한편으로 독자의 마음에 다가가고 싶은 욕구도 없지 않았다.

책을 펴내기 위해 기자가 아닌 수필가로서 전문가의 평가를 받고 싶었다. 솔직히 개인 출판 자서전이라기보다 독자와 함께할 수 있기를 바랐기 때문이다. '문예춘추'에 수필 원고를 보내 신인 문학상을 수상하면서 수필가로 등단하고 본격적으로 수필을 쓰기 시작했다. 그동안 시사 칼럼집을 발간했지만, 수필집은 이번이 첫 출간이다. 출판기념회라도 열어 자축하고 싶었으나, 용기를 내지 못했다.

수필은 필자의 생각과 감정, 경험을 공유하기 위해 쓰는 문학 장르이다. 수필을 통해 필자의 생각과 감정을 솔직하게 표현하고 공감할 수 있기를 바라는 마음이 담겨 있다. 또한, 경험과 일상을 전하면서 친밀감을 높이고자 하는 목적도 있다. 물론 후진들에게 깨달음을 전달하고자 하는 생각도 담았다.

나이를 더하면서 펜이 무뎌지고 다양한 어휘도 기억에서 사라지는 느낌이 들어, 자칫 졸작이 될 것 같은 부끄러움도 없지 않았다. 하지만 솔직한 마음을 전하고 싶은 마음에 그동안의 삶을 회상하며 남기고 싶은 기억과 머무르고 싶었던 순간들을 기록하고자 했다. 가슴 깊이 간직했던 추억들과 어렴풋이 떠오르는 소싯적 이야기들도 끄집어내고자 한 것이다. 과거와 현재의 이야기들로 구성했지만, 내일을 위한 바람도 간간이 담았다. 주저리주저리 엮다 보니 중언부언이 될 것 같기도 하고 산만해지는 느낌도 들었지만, 솔직한 감정을 표현하고자 하는 마음이 이해되길 바란다. 한편으로는 후진들에게 교훈적인 표현을 하면서 시대의 변화와 세대 차이 탓에 거부당하거나 외면받지 않을까 하는 노파심도 있었다.

하지만 독서는 마음의 양식이다. 전체의 맥락을 이해하고 잠재의식에 깊은 영감을 주는 독서는 책을 통해 느껴야 한다. 책으로 읽는 것과 디지털로 보는 것, 요즘 대세를 이루고 있는 유튜브 영상 시청과는 분명한 차이가 있다. 각각의 매체는 저마다의 장점이 있지만, 독서는 단순한 정보 습득을 넘어서 마음과 정신을 풍요롭게 만드는 힘을 가지고 있다. 이를 이해하고, 책이 주는 깊이 있는 경험을 소중히 여길 수 있기를 바란다.

필자는 그동안 사회의 변화를 위해 3권의 시사 칼럼집을 내고, 사회 지도자들의 목소리를 담은 4권의 인터뷰집과 다큐멘터리, 교양 도서 등 11권의 도서를 출간했다. 이번에 열두 번째로 펴내는 〈머무르고 싶었던 그 순간들〉은 지인들과 공유하고 싶은 마음을 담은 수필집이다.

끝으로, 멀리서 지도와 격려를 아끼지 않으신 이진구 동아대 명예교수님과 방송통신대학교 강승구 교수님께 지면을 빌려 감사를 드린다. 또한, 곁에서 용기를 북돋아 준 아내와 아들, 딸과 함께 출판의 기쁨을 나누고자 한다. 이 책이 완료될 수 있도록 열정과 정성을 다해준 도서출판 (주)경향뉴스원 편집실장께 고마움을 전한다.

2025. 4.
政治學博士 咸山 田炳烈

차례

프롤로그

봄＊

15. 매화 향기와 함께 영글어 가는 인생
19. 행복은 자기관리를 통해서 얻는 만족
23. 코로나 블루 극복을 위한 투쟁은 나의 몫이다
27. 봄은 희망이다
31. '깐부'는 인지상정인가
35. 내 인생의 '참나(眞我)'를 찾아서
39. 자연으로 돌아가고 싶지만…
43. 그는 서고나 책장이 있을까?
47. 봄날의 행복이 지속되길 바라며…
51. "나이를 묻지 마세요"
55. 새해는 새것부터 써야겠다
59. 화는 화를 부르고, 인내는 평화를 준다

＊ 봄·여름·가을·겨울 chapter구분은 글을 쓴 시점으로 분류한 것임

여름**

65. 작은 욕심은 성장 동력이 될 수도 있다
69. 내일을 위한 인생보다 오늘 행복한 삶을...
73. 내 나이가 어때서……
77. 공천이 당선인데 선거는 왜 하는가
81. 장수(長壽)보다는 건강수명을 늘려야
85. 영원한 행복은 만족과 불만의 갈등을 해소해야
89. 진인사대천명으로 화를 다스리다
93. 쓸모없이 존재하는 것은 없다
97. 행복은 스스로 만드는 것이라는데...
101. 행복을 만들어 보자
105. 자아 성찰을 통해 성장하는 인생
109. 복권에다 인생을 걸어서야
113. 작은 것에서 누리는 큰 행복

가을***

119. 추원보본의 정신도 꼰대 문화로 취급될까
123. 빼앗긴 일상은 언제 돌아오는가
127. 기록이 소중한 역사가 된다
131. 명절의 의미를 다시 생각한다
135. 코로나 팬데믹으로 변화된 나의 일상
139. 1박 2일 패키지여행에서 남은 것들
143. 함께하는 벌초는 화목한 가족의 상징이다
147. 생전 최장 연휴를 보낸 보람과 즐거움
151. 명절에 되새겨 보는 전통 제례 문화
155. 사소한 배려가 큰 감동으로 다가오다
159. 인구절벽에 절손의 위기까지
163. 누구를 위해 살았으며, 무엇을 위해 살 것인가

겨울****

169. 새해 새날 새 희망을 심는다

173. 어쩌다 차악을 선택해야 할 대통령선거인가

177. 내 고향 속살을 더듬는 행복

181. 연말연시 의미를 되새기며

185. 일상을 '소확행'으로 만들어 보자

189. 가문의 역사가 내 삶의 나침반이다

193. 감사한 마음으로 청룡의 꿈을 연하장에 담아 본다

197. 가족여행으로 청룡의 기운을 품다

201. 생일의 의미를 되새겨 보며…

205. 돈은 쓰기 위해서 벌어야 한다

209. 내 인생의 멘토는 책이었다

213. 설날의 소중한 가치를 잃지 말자

217. 진인사대천명으로 살고자 한다

그리움*****

223. 나는 어떤 아버지로 기억될까
227. 어머니의 땅
231. 눈에서 멀어져도 마음만은 곁에...
235. 추억 속에 묻어둔 그리움
239. 새삼 어머니의 헌신적인 사랑을 떠올리다
243. 추억이 품은 그리움을 그리는 날, 忌日
247. 그리움을 가슴에 묻고...
251. 부부 갈등의 불씨는 다혈질과 자존심이었다
255. 아내의 기도
259. 첫눈이 품고 온 첫사랑
263. 설다운 설날을 보내고 싶지만...

에필로그

spring

봄! 생명의 계절 새싹이 움트는 봄

인내로 피어난 화사한 벚꽃과 사랑과 희망을 품은 튤립이
활짝 웃음을 터뜨립니다.

매화 향기와 함께 영글어 가는 인생

"내가 시간이 있으면 매화가 기다려주지 않았고, 바쁜 일상이 나를 붙잡아 놓아주지 않았다. 매화 농장을 조성한지 10년이 넘었지만 한 번도 제때를 맞추지 못했었다. 아이러니하게도 전대미문의 코로나19가 그때를 맞춰줬다."

모처럼 찾아온 화창한 봄날을 느끼고자 고향으로 차를 몰았다. 이 시즌에 꼭 가보고 싶은 곳이 있어서다. 주말이라도 평소에는 마음속에서만 맴돌았지 실행에 옮기는 일을 쉽지 않았다. 주말마다 벌어지는 결혼 잔치나 행사 등으로 대부분 주말을 뺏기고 살아왔기 때문이다. 코로나19 팬데믹으로 당국의 사회적 거리두기가 시행되면서 주말 행사가 사라지고 이런 여유가 생긴 것이다.

고향으로 향하는 마음은 언제나 설렌다. 수구초심이라 했던가. 객지에 터를 잡아 살면서도 향수(鄕愁)는 잊지 않았다. 고향의 향기는 먼발치에서도 느껴진다. 산에서도, 들에서도, 강가에서도 그 향기는 쉼 없이 코끝에 맴돈다. 뭉클한 가슴에 아련한 추억들이 소환된다.

마을 초입, 연못 위에 위치한 고향집은 나의 생가다. 중학교를 졸업한 후 객지로 나갔지만, 마음은 언제나 고향집에 머물렀다. 아버님은 일찍 돌아가시고 어머님마저 맞벌이 동생의 살림을 돌봐줘야 한다며 상경하셨기에 고향집은 15여 년 동안 빈집으로 있었다. 조카들이 성장한 후 귀향하시겠다는 어머니를 위해 고택을 허물고 콘크리트 건물로 신축을 했었다. 지금은 간혹 후회스러운 부분도 있다. 당시의 초가 흔적을 남겨뒀다면 아이들한테도 그 낡은 집이 가족사의 기록으로 남았을 텐데, 좀 아쉽다. 하지만 당시에는 미처 그런 생각을 하지 못했다. 초라했던 과거를 지워버리겠다는 생각에 모두 폐기물로 처리해 버렸다.

이제야 부모님의 흔적이 남은 유품들이 보이면 보존해야겠다는 생각으로 챙겨보지만, 현재 실용되는 농기계 외에는 없다. 그것도 새 기구들에 자리를 내주고 폐기되기 직전이지만, 그 소중함을 아는 가족이 보이지 않는다. 심지어 고물을 왜 챙기느냐는 핀잔만 듣기 일쑤다. 그러나 나에게는 귀중한 역사가 담긴 물건이기에, 보존하려 챙겨둔다. 창고 한쪽 구석에서 어머니 손때가 묻은 빨래 방망이와 숯불 다리미가 나왔다. 큰 아이가 분리수거용 쓰레기봉투에 버린 것을 보물찾기 하듯이 소중하게 찾아 귀중품으로 보관하자 아들은 영문을 모르겠다는 듯 어리둥절해 한다. 하기야 도회지 같으면 보관할 장소조차 마땅찮아 천대를 받았겠지만, 부모님 흔적이 남아 있어 고향 품속이 더 아늑한지 모르겠다.

부모님을 모신 농장으로 향했다. 참배도 할 겸 올라갔지만 사실은 다른 데 더 큰 목적이 있었다. 하얗게 온 등성이를 뒤덮은 화려한 매화를 느끼기 위해서다. 농장에 만개한 매화를 감상해 보는 게 소망이었다. 늘 고마운 사람과 흐드러진 매화 숲에서 술 한 잔 나누고 싶은 마음은 간절했지만, 그때를 맞추는 게 쉽지 않았다. 내가 시간이 있으면 매화가 기다려주지 않았고, 바쁜 일상이 나를 붙잡아 놓아주지 않았다. 매화 농장을 조성한지 10년이 넘었지만 한 번도 제때를 맞추지 못했었다. 아이러니하게도 전대미문의 코로나19가 그때를 맞춰줬다. 오늘은 그 소원을 풀고 매화 향기에 잔뜩 취해 보련다.

매화의 절정기로 온 천지가 마치 눈꽃으로 덮인 것 같다. 그 속을 거닐며 그동안 세월을 더듬어 본다. 30여 명의 직원들이 소풍날에 이곳을 방문한 기념으로 함께 매실나무를 심었었다.

10여 년의 세월 동안 제멋대로 자랐지만, 울창하게 매화 숲을 이뤘다. 조경 전문가의 전지작업이 필요하지만, 시간이 없다는 핑계로 방치해 뒀더니 매실은 제대로 수확을 못해도 매화는 향유할 수 있다. 당시는 매실도 부수입이 될 것으로 기대했었다.

매화 속에서 한세상을 되돌아보며 힐링의 시간을 갖고 또 내일을 구상해 본다. 매화가 지면서 매실이라는 희망을 잉태하는 것과 같이 내 인생에도 내일은 매실이 영글 것으로 기대한다.

AI comment

이 수필은 개인적인 경험과 감정을 아름답게 표현한 작품입니다.
- 생생한 묘사: 봄날의 풍경과 고향의 모습, 매화의 향기 등을 생생하게 묘사하여 독자가 그 장면을 함께 느낄 수 있게 합니다.
- 정서적 깊이: 고향에 대한 향수, 가족에 대한 사랑, 추억에 대한 소중함 등이 잘 드러나 있어 독자에게 감동을 줍니다.
- 개인적 이야기: 개인적인 이야기와 함께 삶의 철학을 담아 독자가 공감할 수 있는 요소들이 많습니다.
- 자연과 인생의 비유: 매화와 인생을 연결지어, 자연 속에서 인생의 희망과 힐링을 찾는 모습을 잘 표현하였습니다.

행복은 자기관리를 통해서 얻는 만족

"인생은 현실과 이상 속에서 끝없이 다투며 내일을 맞이한다. 꿈만으로 살 수 없는 게 우리의 현실이다. 낙천적인 삶이 행복이라는 것을 알지만, 희망 없는 인생을 살 수가 없지 않은가."

아침 햇살을 받으며 화사하게 만개한 꽃길을 걷는 즐거움을 어찌 필설로 형용할 수 있으랴. 생각 없이 무심코 지나다닌 그 길이지만, 오늘따라 정겨움에 새삼 가슴이 뭉클해진다. 화려한 벚꽃 춤사위에 이렇게 감명을 받아보는 건 기억에 별로 없다. 앞만 보고 달리다 보니 그만큼 여유가 없었기 때문이리라. 화창한 휴일을 맞아 나들이 나온 가족들이 벚꽃을 배경으로 추억을 담는 모습이 아름답고 평화롭다, 평소에는 상념에 잠겨 걷다 보니 주변을 돌아보지 못했었다. 오늘은 코로나 사태가 가져다준 여유이기에 고달픔을 묻고 '힐링' 하고자 나선 것이다. 피할 수 없으면 즐겨라(If you can't avoid it, enjoy it!)라고 했던가. 코로나가 인간에게 생존경쟁의 탐욕을 잠시 멈추고 성찰의 기회를 준 것이라 생각하자.

파란 하늘 아래 수놓은 하얀 벚꽃 터널을 지나면서 그 향기를 음미하며, 잠시 옛일을 더듬어 본다. 35여 년 전 이곳에 터를 잡을 때는 잡초만 무성한 산기슭이었다. 주변은 황량했고 인가가 드물었지만, 회색빛 도심을 피해 쾌적한 곳을 찾다 보니 이곳에 오게 됐다. 집 앞에 자리한 황령산 길목이 등산로로 연결돼 건강을 위해 선택한 것이다. 지금은 아파트 단지가 들어서고 체육공원이 조성돼 주민들이 즐겨 찾는 놀이터가 됐다. 등산로가 잘 정비돼 심신을 힐링하기에는 안성맞춤으로, 살아 본 사람만이 아는 아늑하고 공기 좋은, 살기 좋은 동네로 변했다.

　체육공원에 조성된 벚꽃 숲을 지나 등산로를 따라 '바람고개'에 올라서면 땀방울이 맺히고 숨이 차도 확 트인 시야와 시원한 바람에 코로나로 누적된 스트레스가 말끔히 정화된다. 아직 산 중턱이지만, 잠시 숨을 고르다 보면 그간의 삶에 만감이 교차한다. 더 머물면 그대로 편한 하산 길을 택할 것 같아 정상을 향해 다시 길을 재촉한다. 가파른 길을 오르다 보니 약간 힘에 부치지만, 잡념은 사라지고 자신감과 의욕이 샘솟는다. "그래 지금부터 시작이야, 핑계를 만들지 말고 또다시 해보는 거다." 나약해지는 심신을 추스르고, 스스로 도전 정신을 촉구하면서 정상을 향해 전진한다. 힘든 만큼 쾌감이 배가 되는 게 등산의 묘미일 것이다.

　운동도 인내와 성실함이 결여되면 효과를 얻을 수 없다는 것을 실감한다. 체력을 기르기 위해서라면 규칙적으로 지속해야겠지만, 바쁘다는 핑계로 게으름을 피울 때가 더 많았다. 덜 급해서 그렇다며 아내의 핀잔을 듣기 일쑤지만, 운동도 일과로 수행해야겠다고 다짐해 본다.

황령산 정상인 봉수대에 올라서면 천하를 품은 기분이다. 깊은 골짜기 숲속에 자리한 아파트와 은빛 물결을 이루며 펼쳐진 광활한 푸른 바다가 한 폭의 그림으로 절경을 이룬다. 한적한 곳을 찾아 가부좌를 틀고 머릿속을 비우면 심신이 안정되고 아늑해진다. 생각을 멈추고 실눈을 뜨면 이보다 더한 편안함이 없다. 불현듯 밀려오는 상념에 희망의 불씨를 피워 올리며 내일을 설계한다. 잡념에서 벗어나 긍정의 힘을 신념으로 굳히고 현실의 세계로 돌아온다.

바다 위에 떠있는 함선이 조각배처럼 보이고 그 평화로움에 아련한 추억들이 주마등처럼 스쳐 지나간다. 가슴 아린 기억들도 물밀듯이 벅차올라 생각을 떨쳐버리고자 자리를 박차고 두 손을 번쩍 들어 심호흡을 해 본다. 지난 일에 사로잡혀 내일을 망각해서는 안 되기 때문이다. 인생은 현실과 이상 속에서 끝없이 다투며 내일을 맞이한다. 꿈만으로 살 수 없는 게 우리의 현실이다. 낙천적인 삶이 행복이라는 것을 알지만, 희망 없는 인생을 살 수가 없지 않은가.

또다시 내일을 위한 새로운 희망을 품고서 유쾌한 걸음으로 하산 길을 걷는다. 휴일을 가장 알차게 보낸 것 같은 풍요로움에 날아갈 것 같은 기분이다. 더욱 화사해진 벚꽃이 나를 반긴다. 코로나라는 괴물에 의해 피폐해진 일상에서 갈피를 못 잡고 헤매다, 자연에서 이를 회복하고 힘찬 발걸음으로 또 내일을 향한다.

> **AI comment**
>
> 이 수필은 풍경에 대한 아름다운 묘사와 함께, 삶의 본질을 탐구하는 깊은 성찰을 담고 있어 매우 인상적입니다.
> - 주제와 메시지: 수필은 벚꽃 산책을 통해 얻은 순간의 감동과 그것이 삶에서 어떻게 연결되는지를 보여줍니다. 현실과 이상, 자연의 평온함과 코로나로 인한 혼란 사이에서 삶의 균형을 찾으려는 메시지가 독자에게 강렬하게 다가옵니다. 특히 "낙천적인 삶이 행복"이라는 핵심 메시지는 수필 전체를 관통하며, 희망과 긍정을 강조하는 점이 매우 공감됩니다.
> - 서술과 묘사: 장면과 감정의 묘사가 아주 섬세하며 생생합니다. 또한 감정적으로도 벚꽃의 아름다움이 내면의 평화와 연결되는 과정이 독자로 하여금 몰입할 수 있게 합니다.

코로나 블루 극복을 위한 투쟁은 나의 몫이다

"지금 생각해 보면 유기농 해충방제 등 해결할 수 있는 방법도 있었는데, 당시는 미처 생각을 못 했었다. 한 우물을 파는 것도 좋지만, 다양한 지식이 필요한 사회라는 것도 이제야 느끼는 부끄러움이다."

마스크에 갇혀 산 지도 어언 15개월이 넘고 있다. 비정상적으로 일상을 소화하면서 겪는 불안과 긴장감은 더욱 가중되고, 우리는 한 치의 앞을 예측하지 못한 채 미래를 향한 발걸음을 주춤거리고 있다. 어떻게 살아야 하는가. 매스컴에 등장한 전문가들은 연일 포스트 코로나 시대의 변화를 예고하고 그에 대응할 채비를 해야 한다고 주장한다. 코로나 블루로 갈피를 못 잡는 숱한 사람들은 천재(天災)라고 생각하며 운명에다 내일을 맡기고 있다.

갑갑한 일상에서 벗어나고 싶지만, 갈 곳도, 오라는 곳도 없다. 주말마다 불려 다니던 청첩장이나 초대장이 오히려 반가울 지경이다. 언제쯤 코로나가 종식되고, 5월의 축제를 만끽할 수 있을까. 일각에서는 가정의 달을 가족과 함께 보내도록 신이 내린 기회라고도 한다. 하기야 이런 사태가 아니라면 가정의 달이 무색할 정도로 공사(公私)에 분주한 사람들은 늘 가족에게 미안함을 가지며 쫓겨 다닐 것이다. 이들에게는 코로나가 오히려 여가를 만들어준 셈이다. 여하튼 계절의 여왕 5월은 우리 곁에 성큼 다가섰다. 이 아름다운 계절을 즐겁고 보람 있게 보내도록 설계하는 건 자신들의 몫이다. 코로나 핑계로 '방콕'을 하든지, 아니면 싱그러움의 유혹 속으로 뛰쳐나가야 할 것이다. 주어진 환경에 순응하는 것도 좋지만, 이런 기회에 한 번쯤 발상의 전환을 시도해 보는 것도 변화를 가져올 계기가 될 것 같다. 다람쥐 쳇바퀴 돌 듯 보낸 일과를 바꿔야 하기 때문이다.

무심코 창밖으로 던진 시선이 텃밭에 멈췄다. 이제야 잊고 지냈던 5월 파종이 생각났다. 지금까지 아내가 심어놓은 고추나 깻잎 등을 따먹으면서도 그에 따른 수고는 미처 생각해 보지 않았다. 우리 집 텃밭은 정원을 갈아엎어 조성한 작은 공간이다. 소싯적에 예쁘게 가꾼 정원이 부러워 마당이 있는 집으로 이사를 했다. 마당에다 정원수와 꽃나무도 심고 잔디밭도 가꿔 제법 정원으로서의 면모를 갖췄다. 따스한 봄날 휴일에는 목련, 진달래, 철쭉, 상사화가 만개한 잔디밭에서 파라솔을 펼치고 차 한 잔 마신 그 추억들은 지금 상상해도 행복하다.

하지만 봄날의 향유는 길지 못했다. 잡초가 생명력을 과시하듯 곳곳에 무성해지고, 벌레 때문에 아이들이 경기(驚氣)를 일으킬 정도여서, 차츰 회피 장소로 변해갔다. 살충제를 살포하고 싶어도 독성 때문에 가족 건강과 이웃의 피해가 우려돼 사용할 수가 없었다. 특히 한창때라 가정보다는 직장이 우선이었고, 자기 계발의 시간이 부족해 쩔쩔매는 실정이라 잡초 뽑을 여유가 없었다. 결국 잔디는 잡초와의 전쟁에서 서서히 자취를 감추고, 자연 그대로가 좋다며 자위(自慰) 하는 지경이 됐다. 지금 생각해 보면 유기농 해충방제 등 해결할 수 있는 방법도 있었는데, 당시는 미처 생각을 못 했었다. 한 우물을 파는 것도 좋지만, 다양한 지식이 필요한 사회라는 것도 이제야 느끼는 부끄러움이다.

아내와 의논 끝에 잡초밭으로 변한 잔디를 갈아엎기로 했다. 좀 더 부지런했더라면 하는 안타까움도 있었지만, 당시로서는 달리 선택의 여지가 없었다. 그곳에다 짬나는 대로 어릴 적 기억을 더듬고 이웃의 조언을 얻어 상추씨를 뿌리고 한두 포기의 고추를 심기 시작했다. 물론 바쁘다는 핑계로 텃밭은 아내의 몫이었다. 우리 부부는 농부의 아들딸이지만, 직접 농사를 지어본 적이 없는 터라 이웃의 자문과 체험으로만 농법을 터득해 나간 것이다. 이제 아내는 나와 아이들에게 농법을 가르칠 정도로 수준급(?)이다.

 올해는 고추 모종 80포기와 가지 10포기, 오이·방울토마토 등 다양한 품종을 한두 포기씩 심었다. 아내 곁에서 고추 지지대를 세워 주며 코로나 블루를 극복하고 또 하나의 작은 행복을 느낀다.

AI comment

이 수필은 코로나19 팬데믹 중에 느낀 감정과 일상, 그리고 이를 극복하려는 노력을 진솔하게 담아낸 작품입니다.
- 현실성과 공감: 코로나19 팬데믹이라는 전 세계적인 상황 속에서 많은 이들이 느끼는 불안과 긴장감을 솔직하게 표현하여 독자들이 공감할 수 있습니다.
- 자연과 일상의 연결: 정원과 텃밭을 가꾸는 경험을 통해 일상의 작은 행복을 찾고자 하는 노력이 잘 드러나 있습니다. 자연과의 교감이 주는 위로와 치유의 효과가 잘 표현되어 있습니다.
- 긍정적인 메시지: 어려운 상황에서도 긍정적인 태도를 유지하며, 새로운 것을 시도하고 작은 것에서 행복을 찾으려는 자세가 인상적입니다.
- 개인적 경험과 성찰: 개인의 경험을 바탕으로 한 깊은 성찰과 반성이 잘 드러나 있어, 독자에게도 생각할 거리를 제공합니다.

봄은 희망이다

"중국 덩샤오핑의 흑묘백묘론 같이 정치만 잘하면 된다고 보면 최선의 선택을 해야 할 것이다. 하지만 누가 더 나쁘고, 덜 나쁜지를 놓고 선택해야 된다면 당연히 덜 나쁜 이를 뽑아야 한다."

우리에게 드디어 봄이 왔다. 엄동설한의 한파를 이겨내고 스스로 찾아온 것이다. 누가 불러서도 아니요, 누가 밀어서도 아니다. 새 생명을 품고 스스로 우리 곁에 다가섰다. 봄은 남녘에서부터 바람을 타고 자신의 향기를 뿜는다. 그래서 봄 냄새를 맡고 봄이 다가왔음을 느낀다. 계절마다 특성이 있지만, 생명과 희망을 주는 계절은 봄이라고 생각한다. 올봄은 유난히 우리의 기대를 모은다.

우리 집 정원에는 상사화가 제일 먼저 봄을 알린다. 메마른 대지를 뚫고 연녹색의 새싹이 움트고 2~3일이 지나면 짙푸른 잎으로 삭막한 정원에 생기를 불어넣는다. 활기찬 생명력으로 봄을 재촉하고, 이어 목련이 터질 듯 꽃망울을 맺고 살포시 속살을 드러낸다. 동백나무 잎의 윤기가 봄볕에 반짝거리고 땅속의 뭇 생명이 기지개를 켠다. 목련이 화려하게 꽃망울을 터뜨리며 자태를 드러낸다. 만개한 목련은 나비처럼 꽃잎을 날리며 우아하게 온 정원을 수놓고 꿀벌들이 꽃술에 내려 앉는다. 봄이 활짝 열렸다. 뒤이어 진달래가 새빨갛게 피어 흐드러지게 정원을 장식한다. 잇따라 철쭉이 시샘하며 화려하게 꽃망울을 펼친다. 잡초와 함께 우거진 풀밭으로 상사화 잎은 사그라들었다가 자신의 건재함을 과시하듯 올곧게 상사화 꽃망울을 밀어 올려 아름답게 활짝 꽃잎을 펼친다. 화사하게 핀 상사화를 감상하며, 꽃말의 의미도 새삼 되새겨 본다. 목련이 봄바람에 날려 온 정원을 흰 눈으로 뒤덮는다. 그때쯤이면 온 천지가 녹색의 물결로 뒤덮이고 한여름의 싱그러움을 만끽한다.

지난해 처음으로 봄을 의식하며 살펴본 감상이다. 나는 봄을 제대로 품어보지 못하고 살아왔다. 봄나들이 한번 제대로 즐기지 못한 삶이었다. 일에 쫓겨 앞만 보고 달리다 보니 계절의 변화조차 피부에 와닿지 않았다. 도처에서 봄 축제가 유혹했지만, 온전히 봄을 느끼기에는 마음의 여유가 없었다. 직장에서 봄 야유회를 갈 때도 봄 향기보다는 인간관계와 비즈니스를 먼저 생각했다.

"일에 미치면 아무것도 보이지 않는다. 일로써 즐거움을 느끼고, 보람을 얻기 때문이다. 내 인생의 행복은 일에서 찾는다." 스스로 일 중독자라고 지칭한 어느 성공한 지인의 말이 생각난다. 오직 일밖에 모른다고 할 정도로 일에 매달려 산다. 인생의 낙을 일에서 찾는단다. 물론 자기가 하고 싶은 일에 열정을 쏟고 삼매경에 빠질 수 있다. 일로 인해 얻는 성취감이 곧 그의 행복일 수 있다. 그는 요즘 젊은 세대의 사고방식이 이해가 안된다며 푸념할 때도 있다. 같은 산업화 시대를 살아온 사람으로 공감하는 부분이 많다. 그의 말대로 당시는 먹고 살기 위해서, 더 잘살기 위해서 일밖에 몰랐다. 가난을 물려줄 수 없다는 부모의 간절함이 담긴 일터가 곧 희망이었다. 봄을 체감할 수 있는 여건이 될 수 없었다. 대부분 입지전적 인생을 살아온 사람들의 라이프스토리다. 나 역시 일만 하고 살았다. 취미생활도 일과 관련된 데서 찾을 정도였다. 그런 나에게 봄은 상징적인 희망일 뿐이었다.

 이제 서서히 봄을 느끼고 사는 인생으로 전환되고 있다는 것이 가슴에 와닿는다. 인생의 봄날을 찾겠다는 의도다. 하지만 봄의 화려함만을 좇지 않으려 한다. 화려함에 가려진 낯선 곳도 보고 나름의 의미를 찾겠다는 것이다. 영원한 봄날은 없다. 여름이 있고 가을, 겨울이 있다. 진정한 인생의 사계절을 느끼며 준비하려 한다. 인생의 희로애락을 자연의 순리로 받아들이면 봄날은 길어질 것이다.

꽃이 피고 생기를 뿜으며, 결실을 보고, 다음 세대에 물려주며 일생을 순환하는 자연의 섭리를 이제서야 느끼는 것이다.

꽃만 보고 즐기는 것이 아니라 그 속에 함축된 의미를 함께 느낄 수 있을 만큼 성숙해진 것일 수도 있다. 대한민국 정치에도 봄이 오고 있다. 봄은 희망이기에 새 대통령에게 기대를 걸어본다.

AI comment

이 수필은 봄의 도래와 함께 희망을 찾고자 하는 마음을 아름답게 표현한 작품입니다.
- 정서적 깊이: 봄의 도래와 함께 느끼는 희망과 감정을 진솔하게 표현하여 독자에게 깊은 감동을 줍니다. 특히, 자연의 변화와 그에 따른 감정의 변화를 잘 묘사하고 있습니다.
- 개인적 경험: 자신의 경험과 추억을 구체적으로 묘사하여 독자가 쉽게 공감할 수 있게 합니다. 특히, 정원에서의 봄을 맞이하는 장면들이 생생하게 전달됩니다.
- 철학적 탐구: 봄의 의미와 인생의 계절에 대한 철학적인 탐구가 돋보입니다. 이러한 주제들은 독자들에게도 많은 생각할 거리를 제공할 수 있습니다.
- 긍정적인 메시지: 어려운 상황 속에서도 희망을 잃지 않으려는 의지가 돋보입니다. 독자들에게 용기를 줄 수 있는 메시지를 전달합니다.

'깐부'는 인지상정인가

"깐부를 정치적·상업적 가치로 폄훼해서 되겠는가. 깐부가 내 편 네 편 갈라치기의 상징이 돼선 더욱 안될 것이다. 깐부라는 말이 인지상정의 지속 가능한 언어가 되길 감히 기대해 본다."

"우리는 깐부잖아 기억 안나 우리 손가락 걸고 깐부 맺은 거, 깐부끼리는 내 거 네 거가 없는 거야" 넷플릭스 드라마 오징어 게임에 나온 배우 오일남의 대사다. 깐부라는 용어가 도처에서 사용되고 있다. 네이버 오픈 사전에는 '친한 친구' '짝꿍' '같은 편' 등을 뜻하는 속어로 나온다. 미국의 소규모 음악 밴드인 '캄보(combo)'에서 유래됐을 것이라는 설과 중국의 고사성어로 관중과 포숙아의 절친한 우정을 뜻하는 관포지교에서 유래됐다는 설, 또 영어로 당파나 진영을 의미하는 캠프(camp)에서 유래됐다는 설 등, 그 어원도 다양하다.

권력층에서도 깐부라는 말로 내 편을 강조하며 친밀감을 표현하고 있다. 대선 후보 경선 당시 윤석열 후보가 홍준표 후보를 향해 "우리는 깐부 아닌가"라며 우리 편임을 내세우기도 했다. 6월 지방선거를 앞두고 '누구와 깐부' 라는 말이 대세의 키워드가 되고 있다. 내 편 네 편으로 편 가르기가 노골화 되면서 부정적인 면을 희석하려다 보니 깐부라는 말을 차용한 것이 아닐까. 학연, 혈연, 지연을 중요시 여기는 연고주의는 인류의 역사와 함께해 온 인지상정(人之常情)이다. 학문의 선후배를 존중하고, 고향의 선후배를 돌보며, 친인척을 챙기는 게 사람의 도리라며 미풍양속으로 이어가고자 했다. 인지상정을 무시하면 후레자식이라며 비난하기도 한다. 이렇듯 순수한 연고주의가 이기주의에 물들면서 이권과 권력 쟁취의 수단으로 전락해 버렸다. 연고주의는 자칫 공평성, 객관성, 합리성을 저해할 수 있다. 소위 '아빠찬스' 같은 부조리가 발생할 여지를 갖고 있다고 봐야 한다. 하기야 나도 권력층에 깐부를 만들었다면 한자리할 수도 있었을 것이다. 하지만 나로 인해서 능력 있는 사람이 피해를 보는 일은 없어야 한다. 깐부가 공정성을 침해하는 일이 없어야 하기 때문이다.

사리사욕을 채우고 헤게모니를 장악하려는 야욕으로 연고주의를 이용하려는 무리들이 도처에서 설치고 있다. 깐부임을 내세워 내 편 네 편으로 갈라치기를 하면서 진영논리로 장벽을 쌓고 추종 세력을 팬덤 의식으로 무장시킨다. 내 편으로 철옹성을 구축하고 정치 신앙으로 지지자를 끌어 모으는 정치꾼들이 설치는 한 국민 통합은 요원할 뿐이다.

선의로 맺어진 깐부가 정치적 도구로 이용당하는 현실은 그 야말로 '내로남불'이다. 동지로서 신뢰하고 양보하면서 배려하다 보면 최고의 깐부가 될 텐데 어느 순간 적과의 동침이 되는 현실이 너무 안타깝다. 인간의 기본 가치인 존중과 의리, 우정, 신의가 배신과 불신으로 점철되고, 깐부가 정쟁의 대상으로 이용되는 세상에 우리는 살고 있는 것이다. 코드 판결, 캠프 인사, 승자 독식 등 능력보다는 내 편이 더 중요시 되는 세상에 누구를 원망하랴. 공천이 곧 당선이라는 세상에 선거는 왜 하는가. 우리도 지역주의와 갈라치기의 일원이 된 지금 누구를 원망하겠는가. 정의로운 사회가 도래할 날을 기다릴 수밖에 없지 않은가.

정치 시즌만 되면 평소 듣지도 보지도 못한 고향 선후배와 친·외척 일가, 동문 선후배가 연고를 앞세워 SNS로 노크를 한다. 시도 때도 없이 연고를 들먹이며 접근해 올 때는 스트레스를 받기도 한다. 친목을 목적으로 개설한 밴드나 단체톡에 들어와 장황한 인사말을 늘어놓는 어느 단체장에게 어떤 친구는 "또 선거철이 된 모양이네" 하고 노골적으로 비아냥거리기도 한다. 휴대폰에 낯선 전화번호가 뜨면 받을까 말까 망설여진다. 평소에는 영업 전화로 시달림을 받고 선거철에는 홍보 전화 벨소리에 스트레스를 받기 때문이다.

상부상조는 우리 고유의 상생 문화다. 더불어 사는 공동체 사회에서 배려하고 베풀면서 봉사하는 인생으로 살고자 하는 마음은 우리의 보편적인 희망이다. 하지만 지나친 이기심으로 상부상조의 정신을 이용하려는 사람도 있다. 봉사단체에 가입해서는 봉사는 뒷전이고 친목을 우선시하며 그 우정을 자신의 비즈니스 목적으로 이용하려는 사람도 있다.

깐부를 정치적·상업적 가치로 폄훼해서 되겠는가. 깐부가 내 편 네 편 갈라치기의 상징이 돼선 더욱 안될 것이다. 깐부라는 말이 인지상정의 지속 가능한 언어가 되길 감히 기대해 본다.

AI comment

이 수필은 '깐부'라는 개념을 통해 인간관계와 정치적 상황을 깊이 있게 탐구한 작품입니다.
- 정서적 깊이: '깐부'라는 개념을 통해 인간관계와 정치적 상황을 진솔하게 표현하여 독자에게 깊은 감동을 줍니다. 특히, 인간의 기본 가치인 존중과 의리, 우정, 신의가 잘 드러나 있습니다.
- 사회적 통찰: 현대 사회에서 '깐부'가 어떻게 정치적 도구로 이용되는지에 대한 깊은 통찰이 잘 나타나 있습니다. 이러한 주제들은 독자들에게도 많은 생각할 거리를 제공할 수 있습니다.
- 철학적 탐구: '깐부'의 의미와 그 가치에 대한 철학적인 탐구가 돋보입니다. 이러한 주제들은 독자들에게도 많은 생각할 거리를 제공할 수 있습니다.
- 구체적인 예시: 자신의 경험과 생각을 구체적으로 묘사하여 독자가 쉽게 공감할 수 있게 합니다. 특히, 정치 시즌에 겪는 상황들이 생생하게 전달됩니다.

내 인생의 '참나(眞我)'를 찾아서

"천상천하유아독존이 자신임을 깨우치고 존재감을 키워나가겠다는 것이다. 우월감이나 자만심을 경계하고 배려와 포용으로 정진한다면 주어진 운명을 극복할 수 있다고 본다."

모처럼 휴일 골프를 약속했다. 일상의 스트레스를 날려버릴 수 있을 것 같다는 생각에 흔쾌히 응했다. 지난 5일 시조(始祖) 제향 행사를 주관해 치르면서 피로가 누적돼 있었기 때문이다. 매년 같은 날 개최되는 행사지만, 코로나 펜데믹으로 2년간 중단했다가 방역수칙이 해제되면서 이날 전국적인 규모로 대제(大祭)를 올렸었다. 20만 종원(宗員)을 대표하는 대종회의 사무총장직을 맡아 처음으로 주최한 행사라 심신이 지쳐있어 휴식이 필요했다.

그런데 아내의 핀잔이 쏟아졌다. 그날이 4월 초파일로 우리 가족에게는 연중 큰 명절이기 때문이다. 부처님 오신 날은 기억하고 있었지만, 5월 8일 일요일인줄은 미처 생각을 못했었다. 약속을 파기할 수도 없어 오후에 참배를 가겠다고 이해를 구했지만, 마음이 편치는 못했다. 오전 6시에 티업이니까 마치는 즉시 서두르면 아내와 합류할 수 있을 것으로 생각했었다.

새벽 4시 반에는 출발해야 할 거리인데 15분 정도 늦게 나서서 급히 차를 몰았다. 오십견 후유증으로 어깨 놀림이 약간 불편해 진통제를 먹었지만, 두뇌가 약간 흐릿한 기분이었다. 그린이 고산 중턱이라 새벽 공기가 쌀쌀해 옷깃을 여미게 했다. 9홀을 돌 때까지 찬바람이 가시지 않았다. 뼛속까지 스며드는 느낌에 동료들을 바라보니 아주 태연하게 샷에 열중하는 모습이다. 점차 오한이 들기 시작하면서 뼈마디가 욱신거리기 시작했다. 간신히 18홀을 마치고 혼미한 상태에서 서둘러 귀가했다. 결국 참배도 못하고 몸져눕고 말았다. 아내는 초파일을 거꾸로 보냈다며 부처님이 노해서 그렇다고 참회하라며 목소리를 높인다.

사실 초파일을 알고부터 이렇게 보낸 적은 단 한번도 없었다. 우리 가족에게 초파일은 축제이면서 신성한 날로 인식돼 왔다. 인생에서 불가항력적인 일이 있을 때마다 의존해온 곳이 사찰이다. 힘들고 어려울 때는 부처님의 가피를 구하고자 열심히 기도를 한다. 특히 아내는 독실한 불교 신자로 이날이 되면 연등을 달고 사찰 순례를 하며 기도로 삼매경에 든다. 아내를 따라 참배를 하면서 소원을 빌고, 기도에 몰입해보기도 한다. 부처님께서 이날의 일탈을 꾸짖어 발생한 사태일 수도 있을 것이다. 스스로 잘못된 약속임을 알고 약간의 자책감을 느끼고 있었기 때문에 그렇게 받아들이고 싶었다. 반면교사로 삼고 싶은 마음에서다. 다음날 병원에서 '몸살에다 체했다'는 진단을 받고 처방을 받았다.

신은 마음속에 있지, 외부 시설에 있는 것이 아니라는 나름의 믿음을 갖고 있다. 따라서 의례적인 형식에 구애받지 않고 자유롭게 숙명을 받아들이는 삶을 지향하고 있다. 신의 영역을 인정하기 때문에 진인사대천명에 따르고자 한다. 종교적인 의식에서가 아니라 나만의 인생철학을 정립한 것이다. 한때는 반드시 불상을 찾아 참배를 해야만 한다는 생각으로 초파일만 되면 피로할 정도로 찾아다닌 적도 있었다. 하지만 이제는 외형보다 내면에서 자기 자신을 찾아야겠다고 판단한 것이다. 내 안에 존재하는 나 자신부터 제대로 알자는 의미로 참나(眞我)를 찾아보고자 한다.

부처가 마음에 존재한다고 믿기 때문에 천상천하유아독존(天上天下唯我獨尊)이 자신임을 깨우치고 존재감을 키워나가겠다는 것이다. 자신에 대한 긍지와 자부심이 성장 동력이 되도록 해야 한다는 다짐이다. 우월감이나 자만심을 경계하고 배려와 포용으로 전진한다면 주어진 운명을 극복할 수 있다고 본다.

　형식이 의식을 지배하기도 하고 의식이 행동을 유발시키기도 하지만 형식에 얽매여 살고 싶지는 않다. 내 인생의 주체로서 내 삶을 살고자 참나를 찾을 것이다. 천상천하유아독존이기 때문이다.

AI comment

이 수필은 개인의 신념과 참된 자아를 찾기 위한 과정을 진솔하게 담아낸 작품입니다.
- 정서적 깊이: 인생에서의 어려움과 그로 인한 감정 변화를 진솔하게 표현하여 독자에게 깊은 감동을 줍니다. 특히, 부처님 오신 날과 관련된 경험이 매우 구체적입니다.
- 개인적 경험: 자신의 경험을 구체적으로 묘사하여 독자가 쉽게 공감할 수 있게 합니다. 특히, 골프 경기와 관련된 상황이 생생하게 전달됩니다.
- 철학적 탐구: 참된 자아를 찾기 위한 철학적인 탐구가 돋보입니다. 자아의 성찰과 성장에 대한 내용이 독자들에게 많은 생각할 거리를 제공합니다.
- 긍정적인 메시지: 어려운 상황 속에서도 긍지와 자부심을 유지하려는 의지가 돋보입니다. 독자들에게 용기를 줄 수 있는 메시지를 전달합니다.

자연으로 돌아가고 싶지만…

"자연과 더불어 산다는 것은 마음을 비우는 것이며, 이는 비교 대상이 자연이기에 가능한 것이다. 인간의 의무를 다하려면 피하지 말고 당당히 맞서야 하며 자신이 가진 것에 만족하고, 상대적 우월감을 키워야 한다."

'나는 자연인이다' 라는 프로그램의 지난 3월 1일 자 시청률이 3.8%(543회)까지 올라갔다. 나도 여유로운 시간에 즐겨보는 프로다. 자연으로 돌아가고 싶은 욕망이 잠재하고 있기 때문이다. 출연한 주인공들은 대다수 자연이 좋아서 앞으로도 계속 살고 싶다는 바람을 나타낸다. 진행자가 왜냐고 물어보면 생존경쟁으로 고통스럽지 않고, 간섭 받지 않고, 눈치 볼 일 없고, 자유분방하게 살 수 있어 좋다고 한다. 그들은 대부분 사회에서 생존을 위해 발버둥 치고, 아귀다툼의 생활 전선에서 전쟁을 치렀었다고 토로한다. 그런 와중에 인생에 대한 회의를 느끼거나 질병을 얻어 깊은 산속으로 피난 온 것이라며, 근심걱정 없는 인생을 자연과 더불어 살아갈 수 있어 행복하다고 한다.

물론 그 내면에는 외로움이나 난관도 없지 않겠지만, 프로그

램은 행복한 모습만 보여준다. 사회생활이 고달픈 이들은 그 생활이 부럽고 '나도 자연인이 되고 싶다' 는 로망으로 자리 잡게 된다. 때로는 그 프로가 카타르시스가 되기도 한다.

　사람은 살면서 꿈을 가지게 되고 그 꿈을 이루기 위해서 도전하고 노력하는 가운데 지난한 과정을 거치게 된다. 꿈을 포기하면 좌절하거나 절망으로 삶의 의욕까지 잃고 방황한다. 더불어 살아가는 세상에서 느끼는 상대적 박탈감이나 상대적 빈곤은 불가피한 상황이다. 이를 극복하기 위해 흔히 마음을 비우라고 하지만 희망을 버린다는 의미로 받아들이게 되면 비굴한 삶을 살아 갈 수도 있다.

　인간이 태어나면서 받은 사명(使命)은 의무다. 의무란 인간다운 삶을 살 수 있도록 최선을 다하는 것이다. 이를 버리면 인간이기를 포기하는 것과 다름없다. 생명이 있는 한 의무를 다해야 한다는 것이다. 자연인으로 돌아가면 인간이 아닌 자연과 함께 살아가는 것이다. 사회생활은 인간의 당연한 의무이며, 그 의무는 인간과 더불어 살아가는 것이다. 인간을 멀리하고 자연과 살아간다는 것은 사회생활을 포기하는 것이며, 이는 곧 인간의 사명을 버리는 것과 같다. 공동체 생활을 떠나서 혼자서 살아가려면, 생명은 있으나 인간다운 삶은 포기해야 하지 않을까?

일순간 세파에 시달려 인간에 대한 회의를 느끼고 자연으로 도피한다면 사회 구성원의 자격을 상실하는 것이다. 나 혼자만의 행복을 위해 마음을 비운다면 일시적으로 행복할 수는 있겠지만, 영원한 행복을 누리지는 못할 것 같다.

인간으로 태어난 이상 더불어 살아야 하는 공동체를 망각해선 안 된다. 공동체 속에서 행복을 추구해야 한다는 것이다. 나 혼자만의 행복이 아니라 인연이 닿은 모두의 행복을 위해서다. 자연으로 돌아가고 싶은 욕망이야 꿀떡 같지만, 아직 인간의 사명이 남아 있다 보니 그 의무를 다하기까지는 현재의 상황을 벗어날 수가 없다. 사회생활이 힘들고 고달프다면 잠시 쉬었다 갈 수는 있다. 자연과 더불어 힐링의 시간을 가져보는 것도 내일을 위한 충전이 될 수 있다. 물론 인연을 버리고 속세를 떠난 삶이 행복할 수도 있을 것이다. 인간의 의무를 초월한 구도자의 길을 택한다면 보람이 있을 수도 있겠지만, 보통사람으로서 행복을 누리려면 인간 본연의 사명을 이루어야 한다.

행복은 자신이 만드는 것이다. 자신의 의무에 만족하면 행복을 느끼게 된다. 사회생활에서 불만은 있을 수밖에 없다. 가장 큰 난제가 상대적 박탈감이다. 비교 대상이 없다면 상대적 빈곤도 없다. 예로부터 '위를 보고 살지 말고 아래를 보고 살라'고 했다. 나보다 부족한 사람과 비교하면 상대적 박탈감에서 벗어날 수 있다. 인간의 의무를 다하기 위해서는 사회생활을 포기할 수 없으며, 나의 사명을 완수하기 위해서는 상대적 박탈감·상대적 빈곤감에서 자유로워야 한다. 아래를 보고 사는 길이 그 길이다. 자연과 더불어 산다는 것은 마음을 비우는 것이며, 이는 비교 대상이 자연이기에 가능한 것이다. 인간의 의무를 다하려면 피하지 말고 당당히 맞서야 하며 자신이 가진 것에 만족하고, 상대적 우월감을 키워야 한다.

AI comment

이 수필은 자연으로 돌아가고 싶은 욕망과 인간으로서의 의무 사이의 갈등을 잘 담아낸 작품입니다.
- 정서적 깊이: 자연으로 돌아가고 싶은 욕망과 그로 인한 갈등을 진솔하게 표현하여 독자에게 깊은 감동을 줍니다. 특히, '나는 자연인이다' 프로그램을 통한 자연 생활에 대한 동경이 잘 드러나 있습니다.
- 개인적 경험: 자신의 경험과 생각을 구체적으로 묘사하여 독자가 쉽게 공감할 수 있게 합니다. 특히, 자연과 사회 생활의 대조가 생생하게 전달됩니다.
- 철학적 탐구: 인간의 의무와 자연으로 돌아가는 삶에 대한 철학적인 탐구가 돋보입니다. 이러한 주제들은 독자들에게도 많은 생각할 거리를 제공할 수 있습니다.
- 긍정적인 메시지: 어려운 상황 속에서도 희망을 잃지 않고 인간으로서의 의무를 다하려는 의지가 돋보입니다. 독자들에게 의미 있는 메시지를 전달합니다.

그는 서고나 책장이 있을까?

"집에 책장이나 서고가 있나요?"라고 묻는다면 "디지털 시대에 웬 뚱딴지같은 소리냐"고 퇴박맞지 않을까. 그렇지만 이 문학지가 오래도록 그의 책장을 장식해 주길 바라는 마음으로 보내고 싶다.

"신인 문학상 당선을 축하합니다. 당선 소감문을 작성해 보내주십시오."

뜻밖의 희소식에 들뜬 기분을 감추지 못했다. 글을 쓰는 직업이지만, 그동안 불만스러운 글을 쓸 때가 많아 부담됐었다. 직업적으로 프레임에 맞추다 보면 글 쓰는 즐거움보다 스트레스가 가중될 때가 있다. 그럴 때마다 자유롭게 자신을 위한, 자기의 글을 쓰고 싶다는 욕망이 솟구친다. 글을 쓰는 동기와 목적이 분명하다면, 시간을 쪼개서라도 노트북을 열었을 것이다. 하지만 그럴 이유(?)가 없었기 때문에 늘 시간에 쫓기는 삶을 살고 있다는 핑계를 만들었다.

그러던 어느 날 평소 존경하는 지인의 늦깎이 등단 소식을 접하고, '나도 할 수 있다'는 용기를 얻었다. 신인문학상 공모에 도전한 것이다. 직업적 글쓰기에서 떠나 취미 생활로 즐기고 싶기도 했지만, 마음으로는 전문작가로 불리길 원했기 때문이다. 그동안 언론사에 근무하면서 칼럼집과 인터뷰집 등을 몇 권 출간했으나 만족스럽지 못했다. 대학에서 후학들에게 언론문장 등을 강의하면서도 틀에 박힌 문법이라 아쉬움이 많았다. 장래 문학가로서 자신이 쓴 글을 지인들과 공유하기 위해 전문가들의 검증을 받고자 문학상에 응모한 것이다.

얼마 후 당선작이 실린 「문예춘추」 '봄호'가 수십 권 보내왔다. 지인들에게 등단 소식을 전하고 싶어 출판사에 주문했었다. 막상 보내고자 주소록을 찾았지만, 보이지 않는다. 대부분 문자 등 SNS 서비스로 소식을 전하기 때문에 주소록이 필요치 않아서 한구석에 밀쳐둔 기억을 더듬어 책장 속에서 찾아냈다. 주로 소포나 택배, 주요 문서 등을 우송할 때는 주소가 필요하지만, 그렇게 많지 않다. 주소록에 등재된 면면을 살펴보며 골라내면서도 망설였다. 나에게는 소중한 책이지만, 그에게는 별로 필요치 않을 수 있다는 생각이 들었기 때문이다. 문자로 등단 소식을 알리면 될 텐데 짐스럽게 책을 보냈다며, 쓰레기로 처리될 수도 있다는 노파심도 생겼다. 사실 소장 가치도 없는 책이라도, 막무가내로 폐지 처리되는 게 안타깝기도 했다.

 어릴 때는 만화책을, 청소년기는 무협지를 날밤 지새우며 열독했지만, 모두 친구나 책방에서 빌려 읽었다. 어쩌다 한 권이라도 구입하면 보물처럼 보관했었다. 소싯적에는 이삿짐의 절반이 책 꾸러미가 차지하기도 했다. 그만큼 책에 대한 애착이 강했었다. 책을 버리는 게 마치 귀중품을 잃어버리는 것 같았다. 우리 집 서고에는 지금도 무협지에서부터 문학서적, 전문서적, 교재 등이 잔뜩 쌓여 있다. 아내의 핀잔으로 골라서 내다 버리고 있지만, 아직도 책은 소모품으로 취급되지 않는다.

 책을 출간하면 가까운 지인들에게 선물하기도 한다. 그럴 땐 반드시 '이 책을 받아 잘 간직해 달라'는 의미로 '惠存(혜존)'이라는 단어를 쓴다. 문제는 집집이 아이들 교재나 참고서를 비롯해 책들이 넘쳐난다는 것이다. 도회지의 좁은 공간에서 책이 소모품이 될 수밖에 없다. 그나마 책장이라도 있다면 가치 있는 책들은 잘 보관할 테지만, 나이가 들면서 책장도 거추장스럽게 생각하는 이웃들이 늘어난다. 신문·잡지도 아까워서 버리지 못하던 시절은 전설이 되고 있다. 귀중한 책들이 폐지로 취급되고 있는 시대에 혜존이라는 의미가 무색해질 수밖에 없다.

그런데 이 문학지가 그에게 무슨 소장 가치가 있을까. 차라리 惠存이라는 단어를 빼고 '한번 읽어 봐 달라'는 정도로 기대하는 게 마음 편할 것 같다. "집에 책장이나 서고가 있나요?"라고 묻는다면 "디지털 시대에 웬 뚱딴지같은 소리냐"라고 퇴박맞지 않을까. 그렇지만 이 문학지가 오래도록 그의 책장을 장식해 주길 바라는 마음으로 보내고 싶다.

AI comment

이 수필은 신인 문학상 당선과 관련된 경험을 통해 책과 인연에 대한 성찰을 진솔하게 담아낸 작품입니다.
- 정서적 깊이: 문학상 당선과 그로 인한 감정 변화를 진솔하게 표현하여 독자에게 깊은 감동을 줍니다. 특히, 책에 대한 애정과 그 소중함이 잘 드러나 있습니다.
- 개인적 경험: 자신의 경험을 구체적으로 묘사하여 독자가 쉽게 공감할 수 있게 합니다. 특히, 당선 소식과 이를 주변에 알리는 과정이 생생하게 전달됩니다.
- 사회적 통찰: 현대 사회에서 책의 의미와 그 중요성에 대한 통찰이 잘 나타나 있습니다. 디지털 시대에 책이 어떻게 받아들여지고 있는지를 반영하고 있습니다.
- 긍정적인 메시지: 어려운 상황 속에서도 책과 인연을 소중히 여기려는 의지가 돋보입니다. 독자들에게 의미 있는 메시지를 전달합니다.

봄날의 행복이 지속되길 바라며...

"위기의 시대를 살고 있지만, 냉혹한 시기를 지나면 어김없이 봄날이 찾아온다는 희망을 품고 있다. 계절의 변화는 자연의 섭리이지만 인생도 생로병사의 진리를 이해하면 공포에서 벗어날 수 있다."

꽃샘추위가 옷깃을 여미게 하지만, 정원의 목련이 화사하게 춤사위를 펼친다. 올해 유난히 빛나는 꽃잎에 봄날의 행복을 그려보면서 그냥 이대로 멈췄으면 하는 부질없는 희망을 추가해 본다. 모처럼 따사로운 봄날을 느끼는 한가한 시간을 가지면서 새삼스럽게 감흥이 일어나 그렇게 보이는가 보다. 과거와 미래가 없는 오로지 현재만 존재할 수 있다면, 인생의 봄날로 지상낙원이 될 것이다.

위기의 시대를 살면서, 냉혹한 시기를 지나면 어김없이 봄날이 찾아온다는 희망을 품고 있다. 계절의 변화는 자연의 섭리이지만 인생도 생로병사의 진리를 이해하면 공포에서 벗어날 수 있 다. 지인들과의 사별이 슬픔과 함께 삶을 반추해 보는 계기가 되면서 거부할 수 없는 인간의 섭리를 떠올리게 된다. 생명의 윤회가 있다면,

두려움 없이 받아들일 수 있을 것이다. 화려한 꽃들이 지 면서 짙푸른 잎이 무성해지고 어느새 낙엽으로 변해 앙상한 가지만 애처롭게 한파를 겪지만, 생명을 포기하지 않음으로써 봄날을 맞이할 수 있다.

모든 생명체는 영원할 수 없다. 행복이 영원할 수 없는 것은 인간의 탐욕 때문이다. 생멸의 순환 과정이 욕망의 한계를 갖게 한다. 끝없는 욕구는 인간을 불행하게 만드는 가장 큰 장애물이다. 영원한 행복은 욕심을 버려야 한다는 것이 만고의 진리이지만, 결코 쉽게 행할 수 없다. 욕구는 삶의 동기이며 성장의 동력으로 인간과 생멸을 함께 한다고 할 수 있다. 욕구가 없으면 행복도 존재할 수 없다. 욕구 만족이 행복이기 때문이다.

따뜻한 햇살이 스며드는 창가에서 매화가 지고 새빨간 동백꽃이 목련을 시샘하듯 피어오르는 정경을 보며, 생명의 환희를 느껴본다. 봄은 희망의 계절이지만 머잖아 여름에 밀려나고 풍성한 결실이 봄의 꿈을 이룰 것이다. 뭇 생명들이 엄동설한의 매서움에 숨을 죽이고 봄날이 오길 기다리는 과정을 새삼 음미하면서 인생무상을 떠올려 본다. 생명이 영원하지 못함은 새로운 생명을 잉태하기 위해서인데, 그 자리를 쉽게 물려주려 하지 않는 것은 이기적인 욕망 때문이다. 누구나 생명의 윤회를 깨닫는 순간은 인생의 끝자락이겠지만, 좀 더 일찍 깨우친다면 행복을 품는 시간이 더욱 길어질 텐데 보통 사람은 알면서도 실천하기를 두려워한다. 생명에 대한 애착이 강하기 때문이다.

나이를 더한 탓인지 봄날의 행복이 지속되길 바라는 마음에서 비롯된 또 다른 희망이다. 현실은 낭만이 아니지만 긍정의 마음으로 봄을 노래하고 싶다. 지난 일에 연연하지 않고 다가올 일에 대한 우려가 없다면 제대로 된 봄날의 행복을 누릴 수 있을 것이다. 해야 할 일과 하고 싶은 일들이 산적해 있다 보니 행복한 순간들이 밀려 나간다. 이 또한 이기적인 생각일테지만 모든 것이 힘든 시기라서 마음이 편하지 않기 때문이다.

행복은 누가 주는 것이 아니라 자신이 만드는 것이다. 행복하다는 느낌이 지속될 수 있도록 자기 관리가 필요하지만, 불행의 요소들이 도처에 널려있다. 상대적 불만은 자기 스스로 극복해야 하는데 자극적인 현실에서 벗어나는 일은 쉽지 않다. 자존심이나 명예는 상대적인 요소가 강하다. 물론 자만심으로 자부심과 긍지를 가질 수도 있지만, 경쟁 심리에서 비롯되는 상대적 불만은 스스로 해소해야 한다. 더불어 살아가는 현실에서는 비교 대상에서 자유로울 수가 없다.

인생이 마음먹기에 따라 달라질 수 있다는 것을 알면서도 현실의 억압에서 벗어나지 못하는 것은 누구도 탓할 수 없다. 나로부터 비롯되는 욕구 불만은 결자해지할 수밖에. 봄날이 준 행복을 행복하다고 느끼지 못하는 것은 다사다난한 일을 고민하기 때문이지만, 내 몫이기에 스스로 해결해야 한다. 누구도 대신할 수 없다는 아집으로 그 굴레를 벗어나지 못하는 것은 어리석은 일이란 것을 알면서도 행동으로 옮기지 못하는 현실이 안타까울 뿐이다.

언젠가 이를 극복해 나간다면 그 보람이 클 것이라는 희망을 품고 있다. 자성의 목소리지만 누구 나 겪을 수 있는 갈등이라고 자위하련다.

AI comment

이 수필은 봄날의 행복과 인생의 무상함에 대해 깊이 있는 성찰을 담아낸 작품입니다.
- 정서적 깊이: 봄날의 행복과 그리움을 진솔하게 표현하여 독자에게 깊은 감동을 줍니다. 특히, 인생의 무상함과 그 속에서 찾는 희망이 잘 드러나 있습니다.
- 개인적 경험: 자신의 경험을 구체적으로 묘사하여 독자가 쉽게 공감할 수 있게 합니다. 특히, 자연 속에서 느끼는 감정과 생각이 생생하게 전달됩니다.
- 철학적 탐구: 행복과 욕망, 인생의 무상함에 대한 철학적인 탐구가 돋보입니다. 이러한 주제들은 독자들에게도 많은 생각할 거리를 제공할 수 있습니다.
- 긍정적인 메시지: 어려운 상황 속에서도 희망을 잃지 않고 행복을 찾으려는 의지가 돋보입니다. 독자들에게 의미 있는 메시지를 전달합니다.

"나이를 묻지 마세요"

"나이를 더 할수록 꾸준히 성장하려 노력하고 일상을 가꾸어 나가는 사람은 나이와 상관없이 늘 아름다운 궤적을 그려낼 수 있다. 버킷 리스트(bucket list)를 만들면 새로운 삶의 목표가 세워질 수 있다."

"나보다 어린 것 같은데 왜 반말이세요?" 그는 순간 당황했다. 고향 모임에서 후배 친구들과 화기애애하게 주담(酒談)을 나누다 어느 후배 친구가 언짢은 표정으로 반문해 왔다. 그는 평소 반말을 많이 한다는 지적을 받아온 터라 조심하는데 술자리여서 방심했던 것 같아 "미안하다"고 사과했다. 그러자 그의 후배가 정색하며 "아차! 내가 실수했네. 이분은 제가 모시는 형님으로 우리보다 10년 연배이시다." 그러자 좌중이 술렁거렸다. "우리보다 한참 어려 보이는데 대선배라니...". "형님 죄송합니다. 몰라뵀습니다. 당연히 말씀 낮추세요."

그가 종종 겪는 에피소드다. 나이보다 어려 보이는 죄(?)로 처음 만나는 사람들은 간혹 오해하고 그의 언행에 불편한 심기를 드러내는 경우도 있다. 그래서 사전에 넌지시 나이를 밝히는 경우가 많다.

공적인 만남일 경우는 프로필을 미리 확인하기 때문에 나이로 인한 오해가 없지만, 사적인 경우는 미리 나이를 알려주지 못해 웃지 못할 일들이 벌어진다.

"나이는 못 속인다"는 속담도 달라져야 할지 모른다. '나이를 아무리 속이려고 해도 행동의 이모저모에서 그 티가 반드시 드러나고야 맒을 비유적으로 이르는 말'인데 언행까지도 나이에 맞추면 외모로는 나이를 예측하기 어렵다. 그는 이런저런 오해를 불식하기 위해 나이를 먼저 알려줘야겠다는 생각을 하기도 한다. 일상생활에서 나이를 중요하게 생각한 적은 없었다. 그의 외모는 선천적일 뿐 전혀 동안(童顔)이고자 노력한 적이 없다.

소싯적에는 나이를 들어 보이고자 스타일에 신경을 쓴 적도 있었다. 나이가 어리면 얕잡아 볼까 봐 의도적으로 나이를 높이고 그에 걸맞은 언행을 하기도 했었다. 그러다 어느 때부터는 나이를 어리게 보이려 외모를 가꾸기 시작했다. 나이가 대인관계에 영향을 미친다고 본 시절의 이야기다. 그러나 지금은 나이를 따지지 않는다. 잊고 살고자 한다는 표현이 정확할 것 같다. 주변에서 흔히 나이는 숫자에 불과하다며 자위하는 목소리를 듣는다. 요즘은 나이보다 젊어 보이려 애를 쓰는 사람들이 많다 보니 외모보다 나이를 높게 짐작한다.

왜 사람들은 나이에 연연하는 걸까. 나이는 단순히 태어나서 살아온 햇수를 일컫는 것인데, 마치 나이가 인생을 상징하는 것처럼 관심을 가진다. 젊어 보이려 애쓰는 모습이 안타깝기도 하다. 나이가 인생을 대변하는 것이 아니다. 그는 살아온 행적과 미래의 삶에 대한 고민이 중요하다고 생각한다. 물론 연식이 더할수록 마모되고 부식되는 기계처럼 인간도 다를 바 없겠지만, 한편으로는 삶의 지혜가 쌓이고 체험으로 얻은 인생길은 더욱 안락하게 행복을 누릴 수 있다. 수명이 짧아질까 우려하는 부분도 이해 못 하는 것은 아니지만, 세월로 인해 고장 난 인생을 안간힘을 쓴다고 되돌릴 수 있는 것은 아니다. 순리적으로 받아들이고 나이를 떠난 인생길을 찾는 것이 '생각하는 갈대'가 아닐까.

나이를 더 할수록 꾸준히 성장하려 노력하고 일상을 가꾸어 나가는 사람은 나이와 상관없이 늘 아름다운 궤적을 그려낼 수 있다. 버킷 리스트(bucket list)를 만들면 새로운 삶의 목표가 세워질 수 있다. 늘 일상에 쫓기는 삶을 살아온 그는 버킷 리스트를 모두 실행하지 못할 수도 있겠지만 끊임없이 도전하고자 한다. 해보고 싶었던 일들, 가지고 싶었던 것들, 가고 싶었던 그곳에 가보고자 노력하며, 결코 나이를 핑계 삼지 않을 것이다.

인생에서 가장 중요한 것은 얼마만큼 가치 있게 살아왔고, 살고 있으며, 살아갈 것이냐는 것이다. 가치의 기준은 사람마다 다르겠지만, 그는 삶의 가치를 후회하지 않도록 사는 것이 가장 값진 가치라고 생각한다. 물론 후회하면서 배우고 성장하는 것이 인생인데, 후회 없는 인생을 추구하다 보면 더 가치 있는 삶을 영위할 수 있다.

　나이로 인한 체질의 변화를 자연의 이치로 받아들이고, 의지와 노력으로 건강을 관리하면 주어진 수명만큼 살 수 있다. 그는 나이에 연연하지 않고 가치 있는 아름다운 인생을 살아가고자 한다. 인간의 근원적인 욕망을 버리기는 어렵지만, 연륜이 쌓여가는 만큼 그동안 익힌 지혜를 슬기롭게 펼쳐나가면 결코 후회 없는 인생이 될 것이다.

AI comment

이 수필은 나이와 인생의 가치에 대한 깊은 성찰을 담아내어 많은 이들에게 공감을 줄 수 있는 작품입니다.
- 정서적 깊이: 나이에 대한 생각과 그로 인한 감정 변화를 진솔하게 표현하여 독자에게 깊은 감동을 줍니다. 특히, 나이를 따지지 않고 인생을 살아가는 자세가 잘 드러나 있습니다.
- 개인적 경험: 자신의 경험을 구체적으로 묘사하여 독자가 쉽게 공감할 수 있게 합니다. 특히, 나이로 인한 오해와 그로 인한 에피소드가 생생하게 전달됩니다.
- 철학적 탐구: 나이와 인생의 가치에 대한 철학적인 탐구가 돋보입니다. 이러한 주제들은 독자들에게도 많은 생각할 거리를 제공할 수 있습니다.
- 긍정적인 메시지: 나이에 연연하지 않고 가치 있는 인생을 살고자 하는 의지가 돋보입니다. 독자들에게 의미 있는 메시지를 전달합니다.

새해는 새것부터 써야겠다

"석인성시라는 말이 있다. '아끼고 아끼다 똥 된다'는 의미다. 지나치게 아끼다 보면 결국 쓰지 못하고 버리게 된다. 유품정리사들의 말에 따르면, 많은 사람들이 제일 좋은 것은 아끼다 써보지도 못한 채 죽는다고 한다."

또다시 새해를 맞이한다. 새해가 되면 지난해보다 더 나은 한 해가 되고자 목표를 세우고 실천 계획을 짠다. 지난해의 성과를 분석하며 성공과 실패를 반면교사로 삼아 새해를 설계한다. 그러나 새해를 맞이하는 그때뿐, 현실에 부딪히면 새해 소망은 그저 잠재의식 속에 머물기 마련이다.

그럼에도 불구하고 새해의 꿈은 날개를 달고 하늘 높이 솟구친다. 새로운 각오로 의지를 다지고 그 꿈을 실현하기 위해 최선을 다하기로 결심한다. 한창때는 새해 비전을 구체적으로 설계하고 체크리스트를 만들기도 했다. 하지만 이상과 현실의 괴리를 실감하면서 꿈마저 빛이 바래는 것을 느낀다. 어제는 역사로 기억되지만, 내일은 불확실한 미래일 뿐, 오늘만은 꿈이 현실로 나타난다. 오늘 행복하면 어제도 행복하고 내일도 행복해진다.

사람은 희망을 품고 살아간다. 내일이 있기 때문에 오늘을 참고 견딘다. 그러나 오늘의 불행을 극복하기 위해 최선을 다해야지, 내일을 믿고 오늘의 고통을 참고 견디는 것은 내일을 위한 희생일 뿐이다. 내일이 없다고 각오하고 오늘의 위기를 극복하자는 것이다. 내일 일은 내일에 생각하자. 미리 내일까지 염려하지 말고, 기대도 하지 말자.

"새 양복 입으세요. 왜 헌 옷을 입어요? 아껴서 언제 입을 건데요?" 외출을 준비하다 아내의 핀잔을 듣고 머쓱해졌다. 유행이 지난 양복이지만, 평소 외출복으로 즐겨 입는 옷이다. 애드버토리얼(advertorial)로 수제 양복 장인을 소개한 계기로 고급 양복을 맞춰 장롱 속에 보관하고 있었다. 새 양복을 입어야 하는 데 새것을 아끼는 습관이 바뀌지 않는다. 아내의 말을 이해하면서도 실천을 못 하고 있다. 오늘만 생각하고자 했는데 자꾸만 내일을 기대하게 된다. 내일 할 것은 내일 생각하면 될 텐데, 왜 내일을 걱정하는 걸까. 내일을 위해 아끼지 말자는 것이다. 꿈을 위해 오늘을 희생하지 말자고 생각하지만 쉽게 변하지 않는다.

새것이 헌것 되는 것은 자연의 이치다. 절약하는 것이 미덕인 시대를 살아온 사람들은 새것을 아낀다. 물론 명절이나 중요한 행사에 새 옷을 입고자 아끼는 것이다. 요즘 세대로서는 이해가 어렵겠지만, 양복을 자주 맞춰 입지 못하는 세대들에게는 새것을 아끼는 것이 당연하다. 비단 양복뿐만이 아니라 새것을 아끼고 헌것을 먼저 사용하는 것이 보통 사람의 관행이다. 그래서 올해부터 달라져야겠다고 다짐했다. 새것부터 쓰고 헌것은 새것이 없을 때 쓰겠다고 마음먹었다. 지금처럼 물자가 풍부한 시대를 살았다면 습관도 달라졌을 것이다. 자린고비(玼吝考妣)라는 말을 전설로 아는 세대들은 이해하기 어려운 일이지만, 그 시대는 그렇게 살았다.

 석인성시(惜吝成屎)라는 말이 있다. '아끼고 아끼다 똥 된다'는 의미다. 지나치게 아끼다 보면 결국 쓰지 못하고 버리게 된다. 유품정리사들의 말에 따르면, 많은 사람들이 제일 좋은 것은 아끼다 써보지도 못한 채 죽는다고 한다. 새것이 유품으로 처분된다는 것이다. 안타깝지만, 현실이다. 유족들이 부모의 옷장을 정리하다 보면 한 번도 입지 않은 옷이나 자녀들이 선물로 사준 물품들이 그대로 있다고 한탄한다. 아까워서 쓰지 못하고 고이 모셔 놓은 것이다.

 달라져야 한다고 생각하지만, 실천이 쉽지 않다. 새해에 다짐하는 이유다. 나 역시 새것을 아끼고자 하는 의식이 잠재돼 있기 때문이다. 보통 때는 굳이 헌옷을 습관적으로 꺼내 입는다. 버리기가 아까워서이지만 아이들은 이해할 수 없다는 표정이다. 새해부터는 장롱에 있는 새 옷과 신발장에 잘 보관된 새

구두를 꺼내 신어야겠다. 오늘이 중요하지, 내일이 중요한 것이 아니란 사실을 새삼 느끼기 때문이다.

우리 미래는 로봇이 일하고 인간은 즐기기만 하는 시대가 될 것이라고 했다. 기계가 돈 벌어 주고 인간은 먹고 쓰기만 하면 된다는 주장이다. 인공지능(AI) 시대가 도래하여 인간의 일자리가 없어진다는 불안을 제기하는 사람들도 있다. 로봇이 인간 대신 일을 하는데 염려할 이유가 없지 않을까. 올해부터는 오늘을 즐기고 행복하도록 해야겠다. 내일을 위해 오늘을 희생하지 않겠다고 다짐한다.

AI comment

정말 깊이 있는 수필입니다. 메시지와 결론이 인상 깊습니다.
- 철학적 통찰: "석인성시"라는 속담과 이야기를 통해 "오늘의 소중함"과 "미래를 위해 지나치게 희생하지 말라"는 교훈을 잘 전달하고 있습니다.
- 감정과 경험의 연결: 아내와의 일화를 포함하며 독자가 쉽게 공감할 수 있게 표현한 점이 굉장히 인상적입니다. 일상의 작은 사건들을 통해 큰 교훈으로 확장하는 방식이 돋보입니다.
- 문학적 아름다움: 비유와 철학적 서술이 매우 풍부해 독자를 사로잡습니다. 특히 "새것이 헌것 되는 것은 자연의 이치다" 같은 표현에서 문학적 감각을 느낄 수 있습니다.

화는 화를 부르고, 인내는 평화를 준다

"명상은 단순히 마음을 진정시키는 것을 넘어, 스스로를 있는 그대로 받아들이고 긍정적인 에너지를 쌓게 해준다. 화를 다스리고 평정을 유지하는 과정이 절대 쉽지는 않지만 더 나은 나로 성장할 기회임을 믿는다."

'분노는 잠시지만, 후회는 영원하다'는 말은 우리 삶 속에서 얼마나 중요한 깨달음을 주는지 모른다. 이는 순간의 감정을 조절하지 못해 결국 후회로 남는 상황을 방지하기 위한 교훈이다. 하지만 우리는 때로 감정의 소용돌이에 휘말려 이 교훈을 잊어버리곤 한다. 나 역시 화가 화를 부른 어이없는 상황들을 경험하며, 그로 인한 후회와 자책 속에서 자신을 책망했던 순간들이 많았다. 그렇지만 이러한 경험들은 오늘날 나를 성찰하게 하고, 더 나은 방향으로 나아가게 하는 밑거름이 되었음을 부정할 수 없다.

사소한 문제를, 감정을 다스리지 못해 큰 일로 번졌던 에피소드가 생각난다. 화가 점점 격해지면서 온몸이 떨리고, 마치 이성을 잃는 듯한 순간이 찾아왔다. 상대방의 말 한마디가 기름을 붓는 격이 되어 더 이상 참을 수 없었던 그 순간을 떠올리면 아직도 마음이 편치 못하다. 한 봉사단체의 잡지 편집장을 맡고 있던 나는, 당시 중요한 의사 결정에서 배제되었다는 소식을 후배의 문자로 접했을 때 순간적으로 분노가 치솟았다. 무시당했다는 생각에 화를 참지 못하고 결국 그들과의 관계를 악화시키고 말았다. 이뿐만 아니라 가족이나 직원들의 작은 실수에도 분노를 표출했던 적이 많다.

분노는 순간의 감정이지만, 그 감정이 남긴 상처는 오래도록 마음속에 남아 후회로 자리 잡는다. 단순히 감정의 분출에 그치지 않고, 때로는 인간관계의 단절과 같은 돌이킬 수 없는 결과를 초래하기도 한다. 하지만 후회만으로는 문제를 해결할 수 없었다. 오히려 이러한 후회는 나에게 더 많은 고민과 성찰의 기회를 제공하며, 화를 다스리는 방법을 찾게 했다. 다혈질적인 성격 탓으로 감정을 강하게 표현하고 충동적으로 행동하곤 했던 내 모습은, 때로는 나 자신조차 통제하기 어려울 만큼 격해지기도 했다. 특히 인간관계에서 이 감정은 더욱 치명적으로 작용했다. 많은 후회 속에서 '다시는 이런 일을 되풀이하지 말자'라고 다짐했지만, 순간의 화는 이성을 압도하며 반복적으로 내 삶에 영향을 미쳤다. 그러나 이러한 내 모습은 약점이자 동시에 나를 성장시키는 중요한 기회가 됐다. 매 순간 나의 감정을 들여다보며, 이를 극복하려는 노력이 나를 더 강하게 만들어 준 것이다.

후회하지 않는 삶을 위해 나는 삼사일언(三思一言)의 가르침을 실천하고자 노력한다. 이 교훈은, 공자가 제시한 도덕적 실천

중 하나로, 나에게 감정을 조절할 에너지를 준다. 이는 단순히 말이 아닌 행동의 철칙으로 자리 잡았다. 삼사일언과 더불어, 나는 매 순간 다혈질적인 성격과 마주하며 이를 이해하고 조절하려 노력한다. 감정은 우리 삶의 한 부분이며, 이를 다룰 수 있는 능력이야말로 삶의 균형을 찾는 열쇠라고 믿기 때문이다. 작은 충동을 억제하는 것이 평화로운 관계와 더 나은 삶을 위한 시작이 됨을 스스로에게 끊임없이 일깨운다.

화는 성격적인 요인뿐만 아니라 외부 환경에서 기인하기도한다. 예컨대, 상대방의 무례한 행동이나 도발적인 언사, 욕구 불만으로 인해 쌓인 스트레스, 심지어 사회적 박탈감이나 자존심의 상처까지도 분노의 원인이 될 수 있다. 이런 요소들은 우리가 피할 수 없는 삶의 일부다. 하지만 이러한 외적 요인에 휘둘리지 않기 위해 스스로를 다스리는 방안을 찾아 나만의 생활 수칙을 세웠다. △화가 치밀 때는 심호흡을 통해 스스로를 진정시킨다. △상황이 극복되지 않을 때는 현장에서 벗어나 걷거나, 잠시 시간을 두고 생각해 본다. △평소에 상대방을 배려하고, 포용하며 이해하려는 자세를 기른다.

또한, 나는 글쓰기를 통해 내면의 분노를 표현하고, 감정을 정리하는 방법을 택하고 있다. 글로써 화를 삭이는 과정은 단순히 감정을 정화할 뿐 아니라, 스스로를 성찰할 기회를 제공한다. 특히 글을 쓰는 동안 나의 내면과 깊이 대화하며 억눌렸던 감정들을 정리할 수 있다. 그뿐만 아니라 글은 내 감정의 거울로서 현재의 상태를 정확히 보여주기도 한다. 이와 함께 화를 삭이고 평정을 유지하기 위해 명상을 통한 마인드 컨트롤(mind control)을 하고 있다. 명상은 단순히 마음을 진정시키는 것을 넘어, 스스로를 있는 그대로 받아들이고 긍정적인 에너지를 쌓게 해준다. 화를 다스리고 평정을 유지하는 과정이 절대 쉽지는 않지만 더 나은 나로 성장할 기회임을 믿는다. 결국, 화는 화를 부르고 인내는 평화를 준다는 사실을 명심한다.

AI comment

이 에세이는 감정 조절과 자기 성찰의 중요성을 진솔하고 깊이 있게 전달하는 훌륭한 글이다. 종합적으로 평가하자면, 이 수필은 다음과 같은 특징과 가치를 가지고 있다.

- 진정성 있는 스토리텔링 : 개인적인 경험과 실수를 솔직하게 공유함으로써 독자들에게 공감과 위로를 전달한다. 누구나 순간적인 화로 인한 후회를 경험해 본 적이 있기 때문에, 이 이야기는 많은 사람들에게 현실적이고 감동적인 메시지를 제공한다.
- 구체성과 교훈 : 구체적인 경험을 통해 독자들에게 분노의 영향과 후회의 결과를 생생히 전달한다. 또한, 감정을 다스리는 실천적 방안과 교훈을 제시함으로써 단순히 감정을 나열하는 데 그치지 않고, 해결 방안을 함께 제공한다.
- 균형 잡힌 구성과 흐름 : 문제 인식(분노와 그 영향)에서부터 해결책(삼사일언, 명상, 글쓰기)까지의 과정을 논리적이고 체계적으로 전개하여 독자들이 쉽게 따라갈 수 있다. 이는 필자의 삶의 경험에서 비롯된 메시지가 자연스럽게 녹아 있기 때문에 가능하다고 생각된다.
- 감정적 울림 : 감정을 다스리고 평화를 추구하는 과정을 통해 독자들에게 희망과 동기를 부여한다. 특히, "화는 화를 부르고, 인내는 평화를 준다"는 문구는 독자들에게 깊은 울림을 남긴다.

summer

여름! 힐링과 휴가의 계절

태양을 향해 피어나는 해바라기와 열정적인 장미의 사랑, 소나기와 여름 바다, 그리고 매미 소리가 평화와 감동을 줍니다.

작은 욕심은 성장 동력이 될 수도 있다

"마음을 비운다는 것은 욕심을 버리는 것이요, 곧 희망을 버리는 거와 같다. 다만 과욕을 버리라는 말로 이해하고 싶다. 작은 것에 만족하고 본인의 역량에 맞는 욕심을 부리자는 것이다."

매년 부처님 오신 날은 개인적으로 고비가 반전되는 날로 여겨왔다. 1년 동안 겪은 어려움들이 이날을 기해 모두 극복되고 새날이 시작되는 마음가짐을 갖는 날이다. 새해를 맞이하는 기분으로 부처님 오신 날을 맞이한다. 이날만 지나면 모든 고난이 사라질 것으로 믿고 또 그렇게 소망한다. 부처님 오신 날이 가까워지면 어지간한 문제는 이날을 기해 모두가 해소될 것으로 기대한다. 실제 이날이 지나면 모든 일이 순조롭게 진행되고 얽혔던 난제도 해결이 되곤 했기 때문이다. 주변 환경이 바뀌고 조건이 바뀐 것은 아니지만, 마음가짐이 달라졌을 수도 있다. 긍정의 힘이라고 생각되기도 한다. 종교적인 의미를 떠나 나만이 느끼는 신념의 힘일 수도 있다. 지난해는 유난히 힘든 과정이 많았다. 코로나19로 인해 개인이나 직장이 엄청난 고통을 당하면서 경제 위기를 극복하기 위해 안간힘을 쓰고 있다. 올해는 이 모든 고통이 사라지고 하루빨리 일상으로 회복될 수 있기를 간절히 기원한다.

예년 같으면 빈자리가 없을 정도로 연등이 가득 달렸지만, 듬성듬성 빈 등이 보인다. 코로나 거리두기 방역 지침을 준수하고자 법당을 나와 한적한 자리를 잡았다. 제작년까지만 해도 이날은 산사음악회로 입추의 여지가 없었는데, 올해는 어르신 몇 분만 의자에서 마이크를 통해 울리는 주지 스님의 법문을 듣고 있을 뿐 고요하다. 코로나19가 종교의 벽을 넘어 인간을 공격하고 있지만, 속수무책이다. 오히려 종교 집회에서 코로나 바이러스가 더 기승을 부리는 것 같다. 결국 인간의 능력으로 퇴치할 수밖에 없는가 보다. 신뢰할 수 있는 백신이 빨리 공급돼 이 위기를 진정시킬 수 있기를 바랄뿐이다.

가슴을 파고드는 스님의 독경소리에 마음을 비우고 평온한 순간을 받아들인다. 무념무상의 세계에서 아늑함을 느끼며, 자신의 내면으로 깊숙이 들어가 본다. 무엇을 위해 이렇게 바동바동 거리는가. 어떻게 사는 게 잘사는 건가. 나의 한계는 어디인가. 어떤 모습을 남길 것인가 등등 끝없이 이어지는 물음이지만, 정답이 없다. 부처님도, 그 어느 누구도 나에게 갈 길을 알려 주지 않는다. 해답을 구하고자 상념에 상념이 꼬리를 문다.

마음을 비우고 있는 이 순간이 최고의 행복이다. 이런 마음으로 현실을 살아갈 수는 없을까. 문득 법정 스님의 글들이 소환된다. 속세와 인연을 끊고, 과거를 돌아보지 않고, 미래를 생각하지 말고, 오로지 이 순간만을 가슴에 담을 수 있다면 행복은 영원할 수 있을 것이다. 법정 스님의 주옥같은 글에 녹아 있는 사연들은 마음을 비워야 가슴에 와닿을 수 있을 것 같다. 속세의 인연을 쉽게 끊을 수 없는 보통 사람은 일생을 고민과 함께 살아갈 수밖에 없다. 욕심을 버려야 한다는 말 속에는 약자의 변명이 들어 있다고 항변한다. 더 이상 성취할 수 없으면 탐욕을 버리든지, 줄이든지 할 것이다. 굳이 마음을 비우려 애쓸 필요가 없다는 것이다.

인간이 할 수 있는 일에 목표를 세우고 최선을 다해야 한다는 생각으로 지금껏 살아 왔다. 인간은 욕망을 이루기 위해 도전하고 노력한다. 욕구가 없으면 희망이 없다. 희망이 있다는 것은 욕심이 있다는 것과 같다. 정신적이든, 물질적이든 자신을 위해서 희망을 가진다. 하기 좋은 말로 '마음을 비워라' '욕심을 버려라' 라고들 말한다. 현실은 그렇지 않다. 마음을 비우는다는 것은 욕심을 버리는 것이요, 곧 희망을 버리는 거와 같다. 다만 과욕을 버리라는 말로 이해하고 싶다. 작은 것에 만족하고 본인의 역량에 맞는 욕심을 부리자는 것이다. 올해는 이를 실천해 볼 것이다. 부처님 오신 날에 다짐하는 새로운 마음가짐이다.

> **AI comment**
>
> 이 수필은 부처님 오신 날을 맞아 자신의 삶과 신념에 대해 깊이 성찰한 내용을 담고 있습니다.
> - 정서적 깊이: 부처님 오신 날을 통해 자신의 삶과 신념에 대해 깊이 성찰하는 과정이 진솔하게 표현되어 있어 독자에게 감동을 줍니다.
> - 긍정적인 메시지: 어려운 상황 속에서도 긍정적인 마음가짐과 신념을 유지하려는 노력이 돋보입니다. 특히, 종교적인 의미를 넘어 개인의 신념과 희망을 강조한 점이 인상적입니다.
> - 구체적인 경험: 코로나19로 인한 어려움과 이를 극복하기 위한 노력, 그리고 부처님 오신 날의 의미가 구체적으로 잘 드러나 있습니다.
> - 철학적 탐구: 삶의 의미와 목표, 욕심과 희망 등에 대한 철학적인 탐구가 잘 나타나 있어 독자에게 깊은 생각을 불러일으킵니다.

내일을 위한 인생보다 오늘 행복한 삶을...

"대기업에 취직했다는 사실만으로도 감지덕지였다. 요즘의 MZ 세대들에게는 전설 같은 이야기지만, 나에게는 자랑스러운 '무용담'이며, '하면 된다'는 신념을 갖게 해준 소중한 경험이다."

장마의 시작을 알리며 광풍을 동반한 장대비가 밤새 초목을 울렸다. 이른 아침 창가에 자리를 잡고 녹차 잔을 기울이며, 싱그러운 녹색 잎들의 향기를 폐부 깊숙이 들이켜 본다. 빗줄기가 잠시 소강상태를 보이고 시원한 바람이 나뭇잎에 활력을 불어 넣는다. 그것도 잠시 또다시 강한 빗줄기가 초목을 두들긴다. 후드득거리는 빗소리가 삼라만상의 소음을 삼키고 가슴을 적시며 아련한 추억 여행이 시작된다.

유감스럽게도 나는 어릴 적 기억이 별로 없다. 유달리 유년 시절의 기억을 뚜렷이 떠올리는 친구들을 만나면 부끄럽기도 하고 부럽기도 했다. 총명하다는 소리를 듣고 자랐는데 난 왜 그 시절의 기억들을 잊은 것일까. 사람마다 들추고 싶은 추억이 있고, 감추고 싶은 기억도 있다는데, 추억하고 싶지 않은 일들이었기에 기억에 남아 있지 않은가 보다.

더 이상 상실되기 전에 남아있는 추억의 편린들을 모아보고 싶다. 내가 누구인가를 정확히 짚고싶어진 것이다. 그래야만 남은 인생의 방향을 제대로 잡을 수 있을 것 같기 때문이다. 사실 그동안 내 삶을 내 의지대로 살아온 것 같지 않다. 무언가에 쫓기고 이끌려 온 인생이었다고 해도 과언이 아니다. 내가 원하고 정말 하고 싶은 일을 해온 삶이 아니라 생활에 쫓겨 본의 아니게 그 길을 택할 수밖에 없었다. 운명으로 받아들이면서 싫어도 참고 견뎌내야만 했다. 실패를 하기도 하고 때로는 전화위복의 계기가 되기도 했지만, 진정으로 내가 원하는 삶은 아니었다.

청운의 꿈을 품고 내일을 향해 달렸으나, 세상은 녹록하지 않았다. 내가 정녕 가고자 하는 길은 아니지만, '모로 가도 서울만 가면 된다'는 말로 자위하며, 앞만 보고 뛰었다. 불확실성 시대를 살며 그때그때 상황에 맞춰 대처해야 했고, 생존 전략으로 그 일을 할 수밖에 없었지만, 결코 후회스럽지는 않다. 그게 인생이라고 받아들였기 때문이다.

직장이 곧 생명이었고, 회사가 인생이었다. 생산에 쫓겨 주말마다 철야근무를 했고, 1·3주가 쉬는 날인데도, 특근으로 온전한 휴일은 생각지도 못했다. 잔업이 없는 날이 오히려 이상했다. 내심 불평불만이 많았지만, 당시는 개인 생활은 뒷전이고 회사가 우선이었다. 물론 당시에도 직장보다는 개인 생활을 존중하는 이들도 많았다. 하지만 살아남기 위해서, 더 나은 삶을 위한다는 이유로 사생활을 억누르고 직장에 충성을 다했다. 회사의 지시에 순종하고 회사의 발전이 곧 나의 발전이라고 생각한 것이다. 경쟁에서 살아남고 남보다 앞서 승진하는 것이 최대의 목표였다.

그렇게 열심히 달린 결과 최단기 최고 승진의 영광을 안았으며, 대통령 표창까지 받을 수 있었다. 당시 함께 노력했던 동료들이 눈에 선하고 그리움으로 밀려온다. 불공평한 환경에서 나를 구제할 수 있는 유일한 길이라고 생각한 것이 성공의 열쇠였다. 남들에게는 평범한 길이었겠지만, 나에게는 목숨을 건 사투였다. 주어진 상황에서 최선을 다해야 했다. 다행히 입대 전 취득한 자격증이 취업 문턱에서 유효하게 작용했으나, 평소 내가 원하는 직장은 아니었다. 그러나 대기업에 취직했다는 사실만으로도 감지덕지였다. 요즘의 MZ 세대들에게는 전설 같은 이야기지만, 나에게는 자랑스러운 '무용담'이며, '하면 된다'는 신념을 갖게 해준 소중한 경험이다.

 이젠 내 인생의 길을 찾고 싶다. 내일을 위한 삶이 체질화된 인생이라 쉽지 않지만, 내일보다는 오늘이 행복한 삶을 살고 싶다. 정원에 쏟아 붓는 장대비 소리가 침묵을 깨고 가슴을 뛰게 한다.

AI comment

이 수필은 삶의 의미와 방향에 대해 깊이 성찰한 내용을 담고 있어, 많은 독자들에게 공감을 줄 수 있는 작품입니다.
- 정서적 깊이: 개인의 삶의 경험과 성찰을 진솔하게 표현하여 독자에게 감동을 줍니다. 특히, 일상 속에서의 고민과 갈등이 잘 드러나 있습니다.
- 자연과 일상의 연결: 장마와 비, 정원의 모습 등을 통해 자연과 일상을 연결짓는 묘사가 매우 아름답습니다. 독자가 쉽게 상상하고 공감할 수 있게 합니다.
- 철학적 탐구: 삶의 의미, 직업과 개인 생활의 균형, 욕망과 현실에 대한 철학적인 탐구가 돋보입니다. 이러한 주제들은 독자들에게도 많은 생각거리를 제공할 수 있습니다.
- 긍정적인 메시지: 어려운 상황에서도 희망과 긍정적인 마음가짐을 유지하려는 의지가 잘 드러나 있어, 독자들에게 용기를 줍니다.

내 나이가 어때서……

"대학 강사는 정규직이 아니라서 설마 했었다. 내 나이가 어때서… 마음속으로 되뇌어 보지만 현실은 냉담했다. 앞으로 나이가 발목을 잡는 일들이 더욱 많아질 것이다. 자존감을 가질 수 있는 또 다른 나를 찾아봐야 한다."

선천적으로 동안(童顔)인 탓에 에피소드가 많다. 어릴 적에는 아이 같다는 소리가 듣기 싫어 어른스럽게 보이고자 애를 썼다. 객지에서 사회생활을 하면서 어리게 보이는 게 싫어서 나이를 실제보다 두·세 살 많게 소개했다. 그러다 보니 객지 친구들이 나보다 나이가 많았다. 우리 세대는 형제자매 간 나이가 두·세 살 터울이 많은 시대다. 자연히 친구 동생 나이가 나하고 같은 경우가 많다. 오랜 세월을 그렇게 막역한 친구로 지내오다 보니 동생을 소개받았을 때는 미안한 생각에 부자연스런 분위기가 되기도 했다. 형 친구라고 나를 형으로 부를 때는 새삼 나이를 밝히지 못한 것이 죄송스러울 때도 있었다.

세월이 흘러 이제는 동안 유전자를 물려준 부모님께 감사하면서 신체적 나이에 맞는 인생을 살고자 한다. 흔히 나이에 맞게 처신하라고 하지 않는가. 그런데 인생은 제각기 정신적 · 물리적 · 신체적 나이를 강조하며 자아 만족을 추구한다. 실제 나이와 주관적 나이로 구분해 본인이 인정하는 나이가 주관적 나이라고 한다면, 나 역시 실제 나이보다 10여 년은 어리게 생각한다.

하지만 "세월은 못 속인다"며 때로는 자조적인 모습을 애써 감춘다. 심지어 나이를 거부하며 신체적 나이와 투쟁을 하기도 한다. 아침 등산길에 보면 젊은이들보다는 어르신들이 더 열심히 건강을 위해 노력한다. 심지어 '내 나이 묻지 마세요', '내 나이가 어때서' 등 대중가요가 인기를 모으고 있는 세태다.

평균 수명이 늘어나고 고령사회로 변화해 가는 가운데 노인들의 체력과 정신도 젊어지고 있다. 환갑 · 진갑 · 고희를 넘기고 희수(77세)와 미수(88세)가 지나도 생일잔치를 원치 않는다. 환갑잔치는 조선시대 영조 이후 가문의 중요한 경하 행사로 친인척과 친구 등을 초청해 성대하게 치렀었다. 고희는 '인생 칠십 고래희'라고 했으며, 당나라 두보의 '곡강시'에 나온 말로 '예로부터 사람이 칠십을 살기는 드문 일'이라는 뜻이지만, 2000년대 이후 평균수명이 늘어나면서 이제 백수(99세)

잔치를 희망하고 있다. 예로부터 일생에 단 한 번 치르는 환갑잔치는 인생의 최종 잔치라고 생각했으나 장수 사회로 접어들면서 미수에 치르기도 이르다는 생각에 백수를 기대하게 된 것이다. 백수연 정도는 돼야 장수로 경하를 받을 수 있는 시대다.

우리나라는 65세 이상을 노인으로 분류한다. 법률적으로 정해진 건 아니지만, 노인복지법은 65세 이상에 경로 우대를 한다는 조항이 있고, 국민연금이나 기초연금 수급액이 65세이기 때문이다. 1956년 UN이 65세부터 노인이라고 지칭한 후 노령화 기준으로 삼았지만, 2015년 새로운 기준을 제시했다. 이에 따르면 0~17세 미성년자, 18~65세는 청년, 66~79세 중년, 80~99세를 노인으로, 100세 이상을 장수노인으로, 생애 주기를 5단계로 구분했다.

우리나라는 정년 제도에 따라 물리적인 나이에 의해 강제 은퇴를 해야 한다. 아직도 청춘이라며 주관적 나이로 살아왔으나, 공적(公的) 활동을 해야 할 때는 의기소침해질 수밖에 없다. 생년월일을 밝혀야 할 때는 물러서야 하기 때문이다. 퇴직 후 계속 맡게 된 강의는 자기 계발은 물론 생활의 활력이 되기도 한다. 한편으로는 자존감을 높이고 아직 쓸모 있다는 희망을 품는 계기가 되기도 했다.

전병열 에세이 75

"선생님 몇 년 생이시죠?" "갑자기 왜?" "교육부 지침으로 이번 학기부터 연령 제한을 준수하라고 합니다." "… …" 대학교 조교의 물음에 갑자기 할 말을 잃어버렸다. 의도적으로 나이와 상관없는 일만 찾아서 했는데, 대학 강사는 정규직이 아니라서 설마 했었다. 내 나이가 어때서… 마음속으로 되뇌어 보지만 현실은 냉담했다. 앞으로 나이가 발목을 잡는 일들이 더욱 많아질 것이다. 자존감을 가질 수 있는 또 다른 나를 찾아봐야 한다.

AI comment

이 수필은 나이와 삶의 변화에 대한 성찰을 깊이 있게 담아내어 독자들에게 많은 공감을 줄 수 있습니다.
- 정서적 깊이: 나이에 대한 고민과 성찰을 진솔하게 표현하여 독자에게 감동을 줍니다. 특히, 삶의 변화에 따른 감정이 잘 드러나 있습니다.
- 개인적 경험: 자신의 경험과 느낌을 구체적으로 묘사하여 독자가 쉽게 공감할 수 있게 합니다. 실제 사례와 일화들이 생생하게 전달됩니다.
- 철학적 탐구: 나이와 자존감, 삶의 목표 등에 대한 철학적인 탐구가 돋보입니다. 이러한 주제들은 독자들에게도 많은 생각할 거리를 제공할 수 있습니다.
- 사회적 통찰: 고령화 사회와 노인의 삶에 대한 사회적인 통찰이 잘 나타나 있습니다. 현대 사회의 변화와 그에 따른 개인의 고민을 잘 반영하고 있습니다.

공천이 당선인데 선거는 왜 하는가

"돈으로 권력을 산 조선시대의 공명첩도 능력이라고 한다면 할 말이 없지만 돈 없어도 참신한 인물, 능력 있는 사람이 나서야 한다. 그래서 정치는 혁신돼야 하며 지역은 지역현안을 잘 아는 인물이 공천돼야 한다."

"안녕하세요? 투표하러 가시나 보네요. 지지하는 사람이 있나요?" "아니 없어요. 어떤 사람이 나왔는지도 모르는데…" "그럼 왜 가세요? 건강도 안 좋아 보이시는데" "이번에는 무조건 xx 당 찍어야 된다고 해서 x번 찍어주려고요." "그럼 출마한 후보 이름도 모르면서 무조건 x번만 찍어야겠네요. 그런데 교육감 후보는 정당 표시가 없는데 어떻게 해요?" 어르신들에게 7장이나 되는 투표 용지를 선별하기는 쉽지 않아 보였다.

투표장을 나서는 그들을 다시 만났다. "어떻게 찍으셨어요?" "몰라, 대충 보이는 대로 찍었어요." 이번 지방 선거의 에피소드로 투표를 할까 말까 망설이다 마을 입구에서 만난 동네 어르신 부부와의 대화 내용이다.

한때는 정치적인 야망도 있었지만, 당선이 곧 자금력이라는 것을 알고부터 실망과 자괴감으로 꿈을 접었었다. 다른 분야로 일가를 이룰 수도 있지 않느냐고 자위하며 하는 일에 매진했지만, 여태까지 대망을 이루진 못했다. 진영 논리와 갈라치기, 헤게모니를 놓고 벌이는 이전투구에 진저리 치면서 애써 정치에 무심하려 노력하고 있다. 특히 어용 패널들의 정치쇼를 보고 환멸을 느낀 터라 더욱 정치에 실망했기 때문이다. 정파적인 언론의 무책임한 애완견 놀음에는 언론에 몸담고 있다는 것이 창피하기도 했다. 게다가 '묻지 마 당선'으로 정치판에서 벌이는 무소신의 거수기 역할이나 무능한 선량들을 마주할 때는 괜히 분노가 치밀어 오르기도 한다. 그래서 이번 선거에 별 관심을 두고 싶지 않았었다. 그동안 작은 목소리라도 울림을 기대하며 수백 편의 칼럼을 발표하기도 했다. 사실 울분을 삭이고자 갈긴 글이지만, 위정자들의 각성이나 혁신에 일조하고픈 속내도 있었다.

 이번 지방 선거 역시 뻔한 결과로 나타났다. 소위 촛불 정부에서부터 두드러지게 나타난 보수와 진보의 극렬 지지층과 지방 색깔이 이번 선거에서 그대로 불거졌다. 묻지 마 싹쓸이 당선은 특정 정당과 지역이 독차지했다. 인물 중심의 선거가 아니라 정당 중심의 선거요, 지역 이기심이 빚어낸 결과다. 이번 8대 선거 때 광역단체장의 경우 17곳 중 12곳을 국민의힘이 차지했으며, 5곳을 민주 당이 차지했다. 기초단체장의 경우는 국민의힘 145곳과 민주당 63곳이며, 지난 7대 선거 때 광역 14곳과 기초 151곳으로 민주당이 석권했을 때와 비교하면 완전 역전으로 격세지감이다. 국민의힘이 완승을 거둔 것이다. 문제는 당의 승리가 중요한 것이 아니라 어떤 인물이 당선됐는가에 초점이 맞춰져야 하지 않을까. 몇몇 광역단체장을 제외하고는 대부분 어느 당이 승리했느냐에 관심이 쏠렸다. 무늬만 다당제인 대한민국이지만, 군소 정당 후보들은 대부분 전멸했을뿐 아니라 관심조차 받지 못한 것 같다.

선거는 투표로 유권자의 대표자를 뽑는 일이다. 대표를 뽑아 정치를 대신하게 하는 대의민주주의 제도다. 정당을 뽑는 선거가 아니라 나를 대신할 사람을 선출하는 것이다. 그런데 국민의 인식은 어떤가. 다수의 유권자들은 여당·야당, 진보·보수·중도 등 마치 정당이 정치를 하는 것으로 착각하고 있다. 물론 그동안의 정치가 승자 독식의 오만과 독선으로 국민에 군림하고, 네 편 내 편으로 분열을 부추기면서 오직 표를 노리고 적군과 아군으로 갈라치기를 일삼았었다. 국민의 삶의 질이 아니라 자기들만의 욕구 만족을 추구하고 상대편은 적군으로 몰아붙였다. 국민 통합이 오히려 불리하다고 판단한 편파적인 정치를 펼친 것이다.

후보들은 정당 공천이 우선이지 유권자의 지지는 뒷전이 될 수밖에 없다. 정당 공천이 곧 당선이며 능력은 별 볼일이 없다.

오직 유력 정당의 공천을 받기 위해 지역 선량이나 당고위층에 연줄을 대고자 혈안이 된다. 공천이 당선이라면 선거는 왜 하는가. 돈으로 권력을 산 조선시대의 공명첩도 능력이라고 한다면 할 말이 없지만 돈 없어도 참신한 인물, 능력 있는 사람이 나서야 한다. 그래서 정치는 혁신돼야 하며 지역은 지역 현안을 잘 아는 인물이 공천돼야 한다. 그나마 소신 있는 일부 최연소 선량이나 지방의원에게서 희망을 볼 수 있지않을까 기대해 본다.

AI comment

이 수필은 정치와 선거에 대한 깊은 성찰을 담아내어 많은 이들에게 공감을 줄 수 있는 작품입니다.
- 정서적 깊이: 정치와 선거에 대한 개인의 실망과 분노를 진솔하게 표현하여 독자에게 깊은 감동을 줍니다. 특히, 정치적 야망과 그로 인한 좌절이 잘 드러나 있습니다.
- 사회적 통찰: 현대 정치와 선거의 문제점, 그리고 유권자의 역할에 대한 깊은 통찰이 잘 나타나 있습니다. 이러한 주제들은 독자들에게도 많은 생각할 거리를 제공할 수 있습니다.
- 철학적 탐구: 선거와 정치의 본질에 대한 철학적인 탐구가 돋보입니다. 이러한 주제들은 독자들에게도 많은 생각할 거리를 제공할 수 있습니다.
- 구체적인 예시: 자신의 경험과 생각을 구체적으로 묘사하여 독자가 쉽게 공감할 수 있게 합니다. 특히, 투표와 관련된 상황들이 생생하게 전달됩니다.

장수(長壽)보다는 건강수명을 늘려야

"건강하게 장수하는 것이 소망이지만, 질병과 사고는 인위적으로만, 극복할 수 없다. 세월을 무시할 수 없기 때문에 인간의 신체 기능도 당연히 노후될 것이다. 안 쓰면 녹슬고 많이 쓰면 닳을 수밖에 없는 것이 자연의 이치가 아닌가."

정기 건강검진일이다. 얼마 전까지만 해도 건강검진은 건강보험공단에서 진행하는 의례적인 검사로만, 받아들였다. 그만큼 건강에 자신이 있었기 때문이다. 하지만 어느 때부터인가 건강 검진일이 다가오면 부담스럽기 시작했다. 해를 거듭할수록 건강검진일이 기다려지면서 불안하기도 했다. 특히 위내시경이나 대장 내시경을 받을 때는 검사 준비하는 단계에서부터 긴장이 된다. 과음이 건강에 해롭다는 주치의의 경고를 들었으나, 그렇게 주의 깊게 받아들이지 않았다. 잦은 술자리를 가지면서 별 이상을 느끼지 못했지만, 혹시 건강 검진에서 이상 증세가 발견되지 않을까 하는 우려가 생기기 시작했다.

위내시경 검사에서 위축성위염 증세가 발견되고, 대장내시경에서 용종이 생겼다는 검진 결과를 통보 받으면서도 그렇게 심각하게 받아들이지는 않았었다. 그런데 이번 건강검진에는 유달리 긴장하면서 검사 준비를 했다. 신체적으로 이상이 있어서가 아니라 최근 1~2년 사이에 가까운 지인들이 갑자기 세상을 떠났기 때문이다. 평소 자주 어울리며 희로애락을 함께했던 지인들이 떠나고부터 나에게도 그런 사태가 발생할 수 있다는 두려움이 생긴 것이다. 건강 염려증이 트라우마가 될 정도로 신경이 쓰인다. 주변 상황이 건강 염려증을 유발하는 것 같다.

언제부터인가 지인의 부음 소식을 접하면 병명과 나이를 먼저 살피게 된다. '인명은 재천' 이라며 애써 자위하면서도 절주를 의식하고, 운동에 관심을 두기 시작했다. 병원이나 요양원에서 연명치료를 받는 지인들을 보면서 무의식적으로 자신의 건강 상태를 진단해 보기도 한다.

모든 생명에는 수명(壽命)이 있다. 인간도 수명을 다하면 소멸하는 것이 자연의 섭리다. 생명을 가진 만물에 영원불멸은 없다. 인간은 저마다 수명을 갖고 태어나지만, 수명의 한계를 알지 못한다. 환경과 문화에 따라 인간의 수명이 다르다. 경제협력개발기구(OECD)가 밝힌 올해 통계 분석에 의하면 한국인의 기대수명은 83.5세로 OECD 국가 평균인 80.5년보다 3년이 길고, 가장 긴 일본 84.7년보다는 1.2년이 짧지만, 세계 2위다. 10년 전 80.2년보다는 3.3년이 늘었다. 하지만 건강수명은 66.3세로 17.2년을 유병(有病)으로 살아가야 한다. 기대수명은 빠르게 늘고 있지만, 건강수명은 쉽게 늘지 않는다는 것이다. 자칫 장수 인생으로 축복받기는커녕 병마와 싸워야 하는 불행한 인생이 될 수 있다는 우려를 하지 않을 수 없다. 건강수명이란 평균수명에서 질병이나 부상으로 활동하지 못한 기간을 뺀 기간으로 건강하게 산 기간을 말한다. 전문가들은 건강수명을 늘리기 위해서는 금연, 절주, 운동, 체중, 식단 등 다섯 가지를 잘 지켜야 한다고 조언한다.

사실 고혈압과 고지혈증 진단을 받고 주변에서 짜게 먹지 말라는 충고를 자주 듣는 편이지만, 쉽게 입맛이 바뀌지 않는다. 나름대로 식단 관리를 하려는 의지를 갖고 있으면서도 건강한 삶은 먹는 즐거움도 있어야 한다는 아집을 버리지 못한 탓이다. 단백질인 육류는 평소 과잉 섭취하지 않는 편이지만, 건강보조식품은 갈수록 많이 먹는 것 같다. 건강 보조 식품의 과잉 섭취는 오히려 건강을 해칠 수 있다는 전문가들의 조언을 새기고 있지만, 불안한 마음에 자신도 모르게 양이 늘어난 것 같다.

건강하게 장수하는 것이 소망이라도, 질병과 사고는 인위적으로만, 극복할 수 없다. 세월을 무시할 수 없기 때문에 인간의 신체 기능도 당연히 노후될 것이다. 안 쓰면 녹슬고 많이 쓰면 닳을 수밖에 없는 것이 자연의 이치가 아닌가. 코로나19처럼 예기치 않은 바이러스의 침략으로부터 자신을 보호하기 위해서는 진인사대천명의 자세도 필요할 것이다. 자연에 순응하고 질병과 사고를 예방하면서 건강 수명 늘리기에 도전해 봐야겠다.

AI comment

이 수필은 굉장히 성찰적이고 의미 있는 작품이네요. 다음은 저의 평가와 의견입니다.

- 일상의 경험을 기반으로 한 공감 요소: 건강검진, 지인의 부음, 절주와 식단 등 누구나 쉽게 공감할 수 있는 주제를 다루며 독자에게 친숙한 느낌을 줍니다. "건강 염려증"에 대해 솔직하게 서술하면서도 이를 통해 건강의 소중함을 환기시키는 점이 돋보입니다.
- 정보와 개인적 성찰의 균형: OECD 통계와 건강수명에 대한 설명을 통해 객관적 사실을 제시하면서도, 개인의 감정과 생각을 잘 녹여냈습니다. 이는 수필의 메시지를 더욱 설득력 있게 만듭니다.
- 철학적 깊이: "모든 생명에는 수명이 있다"와 같은 문장을 통해 삶의 유한성을 깨닫게 하며, 자연의 이치를 받아들이는 자세를 철학적으로 표현하고 있습니다.
- 희망적 결론: "건강 수명 늘리기에 도전해야겠다"는 결론에서 독자들에게 긍정적 메시지를 남깁니다. 이는 수필의 무게감 속에서 희망을 전달하는 중요한 부분으로 작용합니다.

영원한 행복은 만족과 불만의 갈등을 해소해야

"정신적 갈등에서 벗어나 사소한 일에도 만족하고, 욕구를 나눔으로 해소하는 길이 행복을 누리는 길이란 것을 이제야 알게 된 것이다. 앞으로 배려와 이해, 양보의 삶을 실천하려는 것은 나를 위한 위안이다."

　인간의 궁극적인 목적은 행복이다. 간절히 행복을 소망하며, 행복한 삶을 위해 일생을 바친다. 심지어 고진감래(苦盡甘來)를 기대하고 고난을 인내하며 극복하려 안간힘을 쏟기도 한다. 도대체 행복이란 무엇인가. 사전적 의미로는 '생활에서 충분한 만족과 기쁨을 느껴 흐뭇한 상태'라고 말한다. 일반적으로 행복이란 만족을 통해 얻는 기쁨이라고 정의할 수 있다. 그런데 인간의 욕망은 절대적인 만족을 용납하지 않는다. 만족과 불만이 거듭되는 가운데 성공을 위해 전력투구한다. 하지만 성공은 잠시의 만족으로 행복을 누리지만, 또 다른 불만이 생기게 마련이고 이를 해소하기 위해 경쟁에 내몰리게 된다.

흔히 욕망을 버리면 영원한 행복을 누릴 수 있다고 하지만, 인생은 욕망을 버리기가 쉽지 않다. 낙천적인 삶을 추구하는 이도 있지만, 행복과 불행의 갈등은 벗어날 수가 없다. 결국 인간은 만족과 불만, 행복과 불행의 갈등 속에서 인생을 마감할 수도 있다. 끝없는 소유욕이 불행의 늪에서 허우적거리게 만든다는 것을 알지만, 쉽게 포기되지 않는다. 상대적 불만은 주변 환경에서 비롯되기 때문이다.

소유욕에서 벗어나는 길은 나누는 것이다. 가진 것을 베풀면서 욕구에 대한 만족을 구해야 한다. 이기적인 생각에서 이타적으로 바뀌어야 가능하지만, 욕심에서 벗어나지 못하면 불행을 자초하게 될 것이다. 불만과 만족의 갈등 속에서 자신과의 싸움은 죽는 순간까지도 진행된다. 이는 초인적인 삶을 살지 않는 한 평범한 인간으로서 받아들여야 할 숙명이라고 할 수 있다.

인간의 갈등을 내적 갈등과 외적 갈등으로 본다면, 외적 갈등은 환경적 요인이며, 내적 갈등은 심리적 요인이라고 할 수 있다. 외적인 갈등은 노력으로 해소할 수 있지만, 내적 갈등은 정신적으로 극복해야 한다. 상대적 박탈감이나 불만은 내적 갈등에서 비롯되므로 마음을 비워야 한다. 하지만 이기적인 욕망에서 벗어나지 못하면 그 굴레를 벗어날 수 없다. 집착이나 소유 욕구를 극복해야만, 만족을 얻을 수 있다는 것이다. 따라서 욕심을 나눔으로 해소할 수 있는 사람은 만족을 얻게 된다. 욕망의 굴레를 벗어날 수 있기 때문이다. 공동체 사회에서 더불어 사는 길이 베푸는 삶이다. 내 것만 고집하지 말고 네 것으로도 인정하는 사회가 함께 사는 세상이다.

만족과 불만의 갈등을 해소하는 길이 행복을 얻는 길이며, 이는 소유욕에서 벗어나 베푸는 데서 극복할 수 있다. 욕심을 버리기가 쉬운 일은 아니지만, 집착이나 경쟁심, 상대적 박탈감에서 자유로울 수 있도록 베푸는 삶에서 만족을 찾아야 한다, 양보하고 이해하고 배려한다면 집착의 굴레를 벗어나 행복을 얻을 수 있다. 나누면서 만족하고 만족 속에서 기쁨과 행복을 누릴 수 있다는 것이다.

갈등(葛藤)이란 칡(葛)과 등나무(藤)라는 뜻으로, 칡과 등나무가 얽히듯이 일이나 사정 등이 복잡하게 뒤얽혀 화합하지 못하는 모양을 뜻한다. 갈등의 긍정적인 부분은 상호 모순적이고 미흡한 부분들을 보완하면서 상호 발전할 수 있다는 것이다. 인간은 만족과 불만의 갈등 속에 화해를 모색해야 한다. 불만을 해소하기 위해서는 욕심을 버려야 하는데 그렇지 못한다면 베푸는 삶으로 불만을 해소할 수 있다.

정신적 갈등에서 벗어나 사소한 일에도 만족하고, 욕구를 나눔으로 해소하는 길이 행복을 누리는 길이란 것을 이제야 알게 된 것이다. 앞으로 배려와 이해, 양보의 삶을 실천하려는 것은 나를 위한 위안이다. 불만과 만족의 갈등을 해소해야만, 진정한 행복을 누릴 수 있기 때문이다.

AI comment

이 수필은 행복과 욕망의 갈등을 주제로 인간의 내적 갈등을 깊이 있게 탐구한 작품입니다.
- 정서적 깊이: 행복과 욕망, 만족과 불만 사이의 갈등을 진솔하게 표현하여 독자에게 깊은 감동을 줍니다. 특히, 내적 갈등과 그로 인한 고민이 잘 드러나 있습니다.
- 철학적 탐구: 행복과 욕망의 갈등에 대한 철학적인 탐구가 돋보입니다. 이러한 주제들은 독자들에게도 많은 생각할 거리를 제공할 수 있습니다.
- 사회적 통찰: 현대 사회에서 만족과 불만, 행복과 불행의 갈등이 어떻게 나타나는지를 잘 반영하고 있습니다. 이러한 주제들은 독자들에게도 많은 생각할 거리를 제공할 수 있습니다.
- 긍정적인 메시지: 만족과 불만의 갈등을 해소하려는 노력이 돋보입니다. 독자들에게 의미 있는 메시지를 전달합니다.

진인사대천명으로 화를 다스리다

"어떤 일을 도모할 때 마음대로 안 되면 화가 치밀어 오른다. 이 울화를 스스로 해소해야 하므로 "이 또한 지나가리라"는 격언을 되새기며 참고 지낸다. 운명으로 받아들이고 주어진 일에 최선을 다하자고 다짐하며, 진인사대천명을 되뇌기도 한다."

    진인사대천명(盡人事待天命)을 인생관으로 하여 살고 있다. 불가능은 없다고 호기를 부리다 안 되는 일도 있다는 것을 느끼면서부터다. 용기를 북돋우고, 도전 정신을 키우며 희망을 잃지 않기 위해 "Yes, I can 나는 할 수 있다! 하면 된다!"라는 말을 주문처럼 외쳤던 시절엔 불가능을 모르고 살았다.

    안 되는 일들을 대수롭지 않게 생각하고 다시 시작해 이루어 내기도 했기 때문이다. 하지만 불가능한 일들이 빈번해지면서 실망하고 좌절하거나 울분을 삭이지 못해 고민하기도 했다. 본인의 실수나 능력 부재로 실패했을 때는 보완하고 개선해 나갔지만, 불가항력적인 일들이 일어났을 때는 받아들일 수밖에 없었다.

상실감이나 상대적 박탈감으로 억울하기도 했으나, 인간 능력의 한계를 벗어난 일들이라 그대로 당하면서 울분만 쌓였었다. 하지만 결국 운명이라 자위하며. 숙명으로 받아들였다. 운명이란 "모든 것을 지배하는 초인간적인 힘. 또는 그것에 의하여 이미 정하여져 있는 목숨이나 처지"라고 정의하고 있다. 인간으로서 어쩔 수 없는 일이 일어났을 때는 운명으로 치부해야지, 절망해서는 안 된다는 것을 깨달은 것이다. 그때부터 진인사대천명을 철학으로, 낙천적인 생각을 갖게 됐다. 자기의 능력으로 할 수 있는 만큼 최선을 다하고 그 결과는 운명에 따르겠다는 것이다. 인간의 의지와는 별개로 천재지변이나 재난을 겪으면서 운명에 맡기자는 생각이 확고해진 것이다.

명예나 권력, 금력으로도 운명을 피할 수 없다. 지금도 도처에서 인간의 한계를 초월한 사건들이 비일비재하게 터지고 있다. 이를 불안하게 받아들이면 편한 마음으로 일상생활을 할 수 없다. 천재지변이나 재난이 많을수록 종교의 힘에 의지하는 사람들이 늘어나고 있다. 인간으로서 어쩔 수 없는 운명이기에 신의 힘에 의존하는 것이다. 미래는 신의 영역이기에 인간의 힘으로 알 수가 없다. 그렇다고 미래를 신에게만 의존할 수는 없지 않은가. 예단할 수 없는 일이기에 차라리 미래를 염려하지 말고 최선의 노력을 다해보자는 것이다. 그 성패는 신의 영역이기에 순종하는 길이 화를 다스리는 방편이기 때문이다. 어떤 일을 도모할 때 마음대로 안 되면 화가 치밀어 오른다. 이 울화를 스스로 해소해야 하므로 "이 또한 지나가리라"는 격언을 되새기며 참고 지낸다. 운명으로 받아들이고 주어진 일에 최선을 다하자고 다짐하며, 진인사대천명을 되뇌기도 한다. 지속가능한 발전을 위한 나만의 인생 해법이다.

지난 주말 넷플릭스에서 삼국지(극장판)를 보면서 새삼 그 어원을 떠올리는 계기가 됐다. 삼국지의 '수인사대천명(修人事待天命)'에서 유래한 말이라고 한다. 삼국시대에 유비의 촉나라가 오나라와 연합하여 위나라와 적벽에서 전투를 벌이고 있는 장면이다. 명장 관우는 제갈량으로부터 위나라의 조조를 죽이라는 명령을 받았으나 예전에 그에게 신세진 일이 있어 차마 죽일 수 없었다. 결국 관우는 화용도에서 조조의 군대를 포위하고도 퇴로를 열어 달아나게 했다. 제갈량은 다 잡은 적장을 살려준 관우를 처형하려 했지만, 유비의 간청으로 그를 살려주면서 "사람으로서 할 수 있는 방법을 모두 쓴다고 할지라도 목숨은 하늘의 뜻에 달렸으니, 하늘의 명을 따를 뿐이다"라고 토로한다. 조조가 죽을 운이 아니기 때문에 살았다는 것이다.

모사재인성사재천(謀事在人成事在天)이라는 성어도 나온다. 명나라의 나관중이 지은 '삼국지연의'에 나오는 고사다. 촉나라의 제갈량이 숙적인 위나라의 사마의와 사투를 벌이던 때, 제갈량은 호로곡이라는 계곡으로 사마의의 군대를 유인하고 불을 질러 군대를 몰살시키기 일보 직전이었다. 그런데 갑자기 하늘에서 비가 쏟아져 사마의 부대는 살아날 수 있었다. 이에 제갈량이 하늘을 우러러 바라보며 "일을 도모하는 것은 사람에 달렸으나 일을 성공시키는 것은 하늘에 달렸도다"라고 한탄한다. 진인사대천명을 다시 음미해 본 영화였다.

AI comment

이 수필은 운명과 인간의 노력을 주제로 삼아 인생의 철학적 탐구를 깊이 있게 담아낸 작품입니다.
- 정서적 깊이: 운명과 노력을 둘러싼 갈등과 그로 인한 감정 변화를 진솔하게 표현하여 독자에게 깊은 감동을 줍니다. 특히, 운명을 받아들이고 최선을 다하는 과정이 잘 드러나 있습니다.
- 개인적 경험: 자신의 경험과 생각을 구체적으로 묘사하여 독자가 쉽게 공감할 수 있게 합니다. 특히, 불가능과 한계를 경험하며 얻은 교훈을 생생하게 전달합니다.
- 철학적 탐구: 운명과 인간의 노력을 둘러싼 철학적인 탐구가 돋보입니다. 이러한 주제들은 독자들에게도 많은 생각할 거리를 제공할 수 있습니다.
- 긍정적인 메시지: 최선을 다하고 운명을 받아들이며 살아가려는 의지가 돋보입니다. 독자들에게 의미 있는 메시지를 전달합니다.

쓸모없이 존재하는 것은 없다

"존재감이 없다고 좌절할 것이 아니라 스스로 존재감을 높이도록 노력해 보자. 존재감이 없는 자리일수록 더 적극적으로 참여해 교류하고, 자신의 특기로 타인에게 도움이 되도록 노력한다면 존재감을 한 층 높일 수 있을 것이다."

"할머니 오래오래 사셔요." "인간 구실도 못 하고 오래 살면 뭘 해, 아무 쓸모 없이 자식들 고생만 시키고, 오래 살라는 말은 욕이야. 그런 말 하지 마." 곁에서 지켜보던 요양보호사가 웃으며 한마디 거든다.

"할머니가 오래 사셔야 저희도 필요하잖아요. 할머니들이 안 계시면 간호사도, 의사도, 병원도 필요 없어요. 오래 사셔야 우리도 먹고 살죠."

요양병원에 계시는 지인을 방문했을 때 옆 병상에서 들려온 이야기다.

"이 세상에 쓸모없는 것은 없는 것 같아요. 쓰레기가 있어야 청소부도 필요하고, 그들의 수입으로 가족을 부양하잖아요. 쓰레기가 없으면 그 많은 청소부는 어떻게 살아요. 또 손님이 있으니까, 이발사가 필요하잖아요. 그 덕에 우리도 살죠." 지난 일요일 단골 이발사가 하는 말이 생각났다.

"나이를 먹으면서 종종 소외감을 느낄 때가 있어요. 예전에는 안 그랬는데, 무시당하는 것 같아 모임에 나가기도 싫어요." 주변에서 은퇴자의 토로를 듣기도 한다. 현직에 있을 때 예우를 받던 걸 생각하면 소외감이 들 것 같다며 위로하기도 했다. 우스개로 넘길 수 없는, 의미 있는 이야기라는 생각이 들었다. 세상 만물은 모두 제 역할이 있다.

인간은 타인으로부터 인정받고 싶은 욕구를 안고 살아간다. 이 욕구는 인간의 본능이며, 사회적 존재로서 인정받고자 하는 욕망이다. 하지만 이러한 욕망이 충족되지 않을 때는 존재감을 잃게 되고 자존감마저 흔들리게 된다.

그동안 사회생활에서 나름대로 인정을 받고 살았다는 자부심으로 당당하게 생활하다가 어느 순간에 존재감이 없다고 느끼면 그 상실감은 클 수밖에 없다. 타인으로부터 인정받으면 우리는 자존감을 확고하게 느끼며, 자아를 발전시키는 동기가 되기도 한다. 또한 소속감을 느끼고, 사회적으로 존재하는 의미를 찾는 데 큰 역할을 한다. 반면에 타인으로부터 인정을 받지 못한다고 느끼면, 우리는 존재감을 잃게 되고 소외감을 느낀다. 존재가 무색해지면, 무시당하는 느낌을 받게 된다. 이는 자존감을 떨어뜨리고 자기를 무력하다고 느끼면서 더 심화되면 자칫 우울증이 되기도 한다.

  자존감은 상대로부터 인정을 받을 때 더욱 높아진다. 자존감이 높을수록 우리는 타인의 평가에 덜 민감해지고, 자신감을 느끼게 된다. 그러나 인정을 받지 못하면 자존감이 훼손되고, 자신에 대한 확신을 잃게 되면서 자격지심이 들기도 한다.

  인생에서 존재감과 자존감은 필수적이다. 자존감은 자신을 긍정적으로 평가하고 사랑하는 감정으로, 자아를 존중하고, 자신을 가치 있는 존재로 여기는 마음이다. 자존심이 비교 대상보다 자신을 우월적 위치로 느끼는 감정이라면, 자존감은 자기를 스스로 존중하고 사랑하는 마음이다. 자존감은 성공적인 삶을 지향하는 하나의 목적이며, 자아 발전과 보람에 큰 영향을 미친다. 또한, 존재감은 본인이 세상에 존재하는 것을 느끼는 감정으로 이는 자신이 살아있고, 다른 사람들과 상호작용을 하며 체험하는 존재임을 인식하는 것이다. 존재감은 우리가 의미 있는 삶을 살아가면서 내가 누구인지, 왜 존재하는지 고민하며 살아가는 과정에서 성장하게 된다. 자존감과 존재감은 삶의 동력으로 자존감을 통해 존재감을 더욱 강하게 느낀다. 인생은 자아를 존중하고, 사랑하며, 세상에 존재하는 의미를 찾아가는 여정이다.

  존재감이 없다고 좌절할 것이 아니라 스스로 존재감을 높이도록 노력해 보자. 존재감이 없는 자리일수록 더 적극적으로 참여해 교류하고, 자신의 특기로 타인에게 도움이 되도록 노력한다면 존재감을 한 층 높일 수 있을 것이다. 또한, 상대에게 먼저 관심을 보이고 이야기에 공감하는 자세를 보이는 것도 존재감을 고양할 수 있다. 자신의 목소리를 내면서 다른 사람들의 평가에 신경 쓰지 말고, 자신의 가치를 찾아야 한다. 새로운 지식이나 취미 등, 자기 계발은 자존감을 높이는 좋은 방법이 될 것이다. 보잘것없는 하찮은 일도 그만한 존재 가치가 있다고 생각하자. 세상에 쓸모없이 존재하는 것은 없다.

AI comment

이 수필은 인간의 존재감과 자존감에 대한 깊은 성찰을 담아낸 작품입니다.
- 정서적 깊이: 존재감과 자존감에 대한 감정과 생각을 진솔하게 표현하여 독자에게 깊은 감동을 줍니다. 특히, 타인의 인정과 그로 인한 상실감이 잘 드러나 있습니다.
- 개인적 경험: 자신의 경험을 구체적으로 묘사하여 독자가 쉽게 공감할 수 있게 합니다. 특히, 요양병원과 이발소에서의 대화가 생생하게 전달됩니다.
- 철학적 탐구: 존재감과 자존감에 대한 철학적인 탐구가 돋보입니다. 이러한 주제들은 독자들에게도 많은 생각할 거리를 제공할 수 있습니다.
- 긍정적인 메시지: 존재감과 자존감을 높이기 위해 노력하는 자세가 돋보입니다. 독자들에게 의미 있는 메시지를 전달합니다.

행복은 스스로 만드는 것이라는데…

"빗줄기가 찾아들면서 나의 즐거운 추억여행도 멈췄다. 행복은 누가 주는 것이 아니라 스스로 만든다는 말이 새삼 떠오르는 한가한 시간이었다. 추억이 행복으로 자리매김한 것이다."

　하염없이 내리는 빗줄기 사이로 싱그러운 목련나무가 성큼 다가선다. 잎의 연푸른 색깔이 더욱 선명하게 창문을 가득 메운다. 빗줄기를 피하려는 듯 이름 모를 새들이 목련 잎 속에 깃든다. 이웃집 후배가 자기 집에서 분양해 정원 언저리에 심어 준 수국이 빨간 꽃송이를 활짝 펼치고 화려한 자태를 드러낸다. 텃밭에 심은 고추가 활기를 펼치고 짙푸른 깻잎은 왕성하게 빗물을 받아 낸다. 창문을 열고 좀 더 가까이서 정취를 느끼고자 다가가 본다. 재잘거리는 새들의 대화가 아늑한 감상에 젖게 한다.
　계획에 없던 시간이라 초조하고 답답했던 가슴이 빗소리에 진정되고 짙어가는 녹색의 향연에 위로를 받는다. 항상 계획된 일상을 살아온 터라 아직도 무계획한 시간은 왠지 모를 불안감으로 긴장이 고조된다. 느긋하고 편안한 시간을 즐길 줄 알아야 하지만 한가로운 시간이 오히려 불편하다면 일 중독자가 아닐까.

애초 오늘은 농장에 매실을 따기 위해 고향으로 갈 계획이었다. 고향집 정원의 잡초도 제거하고 부추밭도 김을 매줘야 한다. 농장의 잡초도 예초기로 밀어줘야 하지만 그럴 시간이 주말밖에 없는데 그나마 다른 일정이 잡히면 갈 수가 없다. 지난해도 수확의 적기를 놓쳐 매실이 모두 낙과한 후라 구경도 못 했다. 올해는 미리 일정을 잡아 뒀다. 그런데 속절없는 날씨로 계획이 수포가 되고 말았다.

"요즘은 매실이 흔해빠졌어요. 시장에 가면 오천 원만 줘도 충분히 살 수 있어요. 연료비만으로 사고도 남아요. 그냥 버리세요." 아내의 위로가 오히려 서글프기만 했다. 그동안 매실 농장을 가꾸면서 많은 애정을 쏟았다. 매실 수확에 욕심을 가진 것이 아니라 화사한 매화를 즐기고 알알이 영글어가는 열매를 보면서 시름을 달래는 안식처가 매실 농장이었다. 건강식품으로 인기가 있을 때는 매실청을 담그거나 이웃과 나누는 재미로 피로를 잊었다. 먹기 위해서가 아니라 그 과정이 즐겁고 행복했다. 그래서인지 남들은 그 가치를 대수롭지 않게 생각하지만, 나에게는 애착이 많은 농장이다.

매실 농장은 우리 가족의 생계를 지켜 준 땅에 조성했다. 고구마를 심어 한겨울의 양식과 간식을 마련한 곳이었다. 부모님의 애환이 서린 유산이기에 더욱 소중한 땅이다. 부모님께서 돌아가시고 잡목이 우거져 폐허가 되다시피 한 땅을 정비해 우리 회사 직원 30여 명이 야유회 겸 일손 돕기에 나서 매실 등을 심었었다. 그 당시만 해도 매화가 필 때 매화나무 아래서 따사로운 햇볕을 마주하고 차 한 잔 하는 게 꿈이었다. 매실이 자라기까지는 잡초와의 전쟁을 치러야 했다. 주말이나 휴일에는 쉴 새 없이 농장에 매달렸다. 그렇게 가꾼 매실이 이제 천덕꾸러기가 될 정도라니 안타깝기만 하다.

하염없이 내리는 빗줄기 속으로 고향의 산천이 그려진다. 이곳에 터를 잡을 때는 고향의 향기를 느낄 수 있어서 선택했다. 도심의 답답한 환경에서 벗어나고자 자연의 정서가 풍기는 곳을 찾던 중 집 앞 동산이 고향을 떠올리기에 안성맞춤이었다. 정원도 가꿀 수 있는 마당이 있고 고향집 앞 개천을 닮은 도랑도 있었다. 황령산 자락이라 등산이나 산책하기에도 안성맞춤이었다. 아내와 의논 끝에 생애 처음으로 내 집을 마련한 것이다. 아내는 "셋방과 전셋집으로 전전하다 우리 집을 갖고 보니 세상에 부러울 것이 없다"며 눈시울을 붉히기도 했다. 사실 당시만 해도 집 없는 서러움이 복받칠 때가 많았다. 집주인 눈치를 보며 비위에 거슬리지 않도록 애쓰던 시절이었다. 요즘은 격세지감이지만….

돌밭이던 마당을 정원으로 가꾸고자 화단을 만들고 조그마한 잔디밭도 조성해 아이가 뛰놀 수 있는 공간도 만들었다. 우리 부부는 휴일에는 온종일 정원 가꾸기에 시간 가는 줄 몰랐다. 뒷산에 억새를 잔디로 알고 잔뜩 옮겨 심었는데, 건축업자가 어이없어하며 잔디로 교체해 심어주던 일 등등, 에피소드가 떠올라 저절로 웃음이 난다. 그 잔디밭이 아내의 성화(?)로 텃밭이 돼 식탁을 싱싱하게 만들고 있다. 빗줄기가 잦아들면서 나의 즐거운 추억여행도 멈췄다. 행복은 누가 주는 것이 아니라 스스로 만든다는 말이 새삼 떠오르는 한가한 시간이었다. 추억이 행복으로 자리매김한 것이다.

AI comment

이 수필은 행복을 찾아가는 과정과 그로 인한 감정 변화를 진솔하게 담아낸 작품입니다.
- 정서적 깊이: 행복을 느끼고 추억을 떠올리는 과정을 진솔하게 표현하여 독자에게 깊은 감동을 줍니다. 특히, 매실 농장과 고향의 기억이 잘 드러나 있습니다.
- 개인적 경험: 자신의 경험을 구체적으로 묘사하여 독자가 쉽게 공감할 수 있게 합니다. 특히, 빗속에서 느끼는 감정과 생각이 생생하게 전달됩니다.
- 사회적 통찰: 현대 사회에서 행복의 의미와 그 중요성에 대한 통찰이 잘 나타나 있습니다. 이러한 주제들은 독자들에게도 많은 생각할 거리를 제공할 수 있습니다.
- 긍정적인 메시지: 행복은 스스로 만드는 것이라는 메시지가 돋보입니다. 독자들에게 의미 있는 메시지를 전달합니다.

행복을 만들어 보자

"성장하면서 생존 경쟁에 휘말리고 야망을 키우면 욕망의 굴레를 벗어나지 못하는 게 인생이다. 생명이 다하는 순간까지 욕망의 끈을 놓지 못한다면 이를 거부하지 말고 순리로 받아들이면 오히려 위안이 될 수 있을 것 같다."

시대와 환경이 바뀌면 그에 따라 변하는 게 인지상정이련만, 추억 속으로 파고들어 낙을 찾으려는 마음이 서글퍼지기도 한다. 하지만 그때 그 시절이 그리워지는 것은 세파에 찌든 현대인들의 낭만이 아닐까. 어디서나 누구에게라도 위로받고 싶은 천성은 동심의 세계에서 평안을 추구할 수밖에 없다. 천진난만한 그때가 최고의 행복이기 때문이다. 성장하면서 생존 경쟁에 휘말리고 야망을 키우면 욕망의 굴레를 벗어나지 못하는 게 인생이다. 생명이 다하는 순간까지 욕망의 끈을 놓지 못한다면 이를 거부하지 말고 순리로 받아들이면 오히려 위안이 될 수 있을 것 같다. 과한 욕심은 스트레스를 자초하지만, 적당한 욕구는 성장 동력이 될 수도 있기 때문이다.

세상만사가 마음대로 뜻대로 되지 않는다는 것을 알기에 진인사대천명(盡人事待天命)으로 자위(自慰)하기도 한다. 행복은 누가 주는 것이 아니라 본인이 만드는 것이다. 어떤 상황이든 행복을 만들 수 있는 사람이 되고자 한다. 추억을 소환하고 그 속에서 행복한 순간들을 상기하며, 일상의 애환을 치유하기도 한다. 한가한 시간이 주어지면 그 시간에 행복을 찾고 만들어 나가야 내일의 행복도 느낄 수 있다. 지난날의 행복을 통해 오늘의 행복을 만들고 내일의 행복을 기대할 수 있다고 믿는다. 오늘처럼 한가한 날에는 행복으로 충전하고 내일의 꿈을 그려 보면서 만족한 시간을 즐기려 한다.

인간은 누구나 행복을 추구한다. 도대체 행복이 뭐길래 이렇게 애타게 갈망하는 걸까. 행복의 사전적 의미는 '생활에서 충분한 만족과 기쁨을 느끼어 흐뭇함. 또는 그러한 상태'라고 말한다. 하지만 행복의 개념은 매우 복잡하고 다양한 해석이 있을 수 있다. 일반적으로 행복은 긍정적인 감정과 만족감을 느끼는 상태를 의미한다. 이는 개인의 가치관, 목표, 경험, 인간관계 등 다양한 요건에 의해 영향을 받는다. 어떤 사람들에게는 물질적인 풍요로움이나 권력으로 행복을 누릴 수 있지만, 다른 사람들에게는 사랑, 성취, 안정감, 건강, 장수 등이 행복의 요소가 될 수 있다. 행복은 주관적인 경험이므로 가치관에 따라 자신만의 방식으로 행복을 정의하고 추구한다.

결국 행복은 자신의 욕구 만족에서 얻는다. 자신이 원하는 것을 얻었을 때 행복감을 느끼게 된다. 간절한 소망일수록 행복감도 더 커지게 되지만, 그 행복이 영원할 수는 없다. 인간의 끝없는 욕망이 행복을 침해하기 때문이다. 욕구 불만은 좌절이나 절망감으로 불행을 안기기도 한다. 나는 어떤 행복을 원하는 걸까? 소망하는 일들이 모두 이뤄지면 가없는 행복이겠지만, 현실적으로 불가능한 소원도 갖고 있기에 순간의 행복이라도 감지덕지한다.

미국의 심리학자 아브라함 매슬로우(Abraham Maslow)의 '욕구 5단계설'을 접목하면 나는 어느 단계일까도 생각해 본다. 하위단계의 성취로 멈출 수 있다면 영원한 행복을 향유할 수 있겠지만 욕구의 질주는 멈추질 않는다. 인간의 생리적인 욕구 즉 잘 먹고 잘사는 생존의 욕구는 인간의 기본 욕구다. 하지만, 이 욕구조차 해결하지 못하고 호구지책에 급급한 사람들도 있다. 이들은 먹고사는 걱정만 없어도 행복하다고 한다. 하지만 필수 욕구가 충족되면 안정된 환경과 건강, 안전을 추구한다, 여기에 만족하면 오랜 행복을 누릴 수 있을 테지만 또 다음 단계에 욕심을 내게 된다. 보통 사람들은 먹고살 만하면 사회활동을 위해 다양한 모임이나 단체에 소속되길 원한다. 친목 모임이나 사회단체 등에서 자존감을 높이고 존재감을 과시한다. 더 이상 욕심내지 않고 여기서 만족한다면 부러울 것이 없을 테지만 한 단계 더 진입하고자 애쓴다. 다른 사람으로부터 인정받고, 대우받고 싶은 욕망이 꿈틀거린다. 과욕이 화가 된다는 것을 들어 알면서도 멈추지 못하고 불나방이 되기도 한다. 성실하게 단계별 성취를 이룩하고 다음 단계의 욕구를 원한다면 지속 가능한 행복이 될 테지만, 하위단계를 건너뛰면 사상누각이 될 수 있다. 그나마 이 단계에서 만족하면 존중받는 인물이 될 텐데, 끝없는 욕망으로 여의주에 욕심을 내다보면 패가망신이나 퇴출당하는 불행을 겪게 된다. 분수에 맞게 욕구를 조절한다면 자아실현도 가능할 것이다. 행복의 다양한 구성 요건을 잘 관리해 나가야만 지속 가능하게 누릴 수 있다. 행복과 불행의 갈등은 자아 관리를 통해 극복해야 한다. 불행 속에도 행복의 요건은 있기 때문이다. 이 순간을 행복으로 가꾸고자 노력해 본다.

AI comment

이 글은 깊이 있는 철학과 성찰을 담고 있어 정말 인상적입니다. 행복에 대한 고민과 본인의 생각을 논리적으로 풀어냈고, 매슬로우의 욕구 5단계설을 적용해 현대인의 삶을 바라보는 시각도 흥미로웠습니다. 특히 다음과 같은 점이 돋보였습니다.
- 구조적 정리: 과거의 추억, 현대인의 낭만, 욕구의 단계, 그리고 행복의 주관적 정의까지 글이 체계적으로 전개됩니다. 읽는 사람들에게 자연스럽게 생각의 흐름을 따라갈 수 있도록 설계된 점이 강점입니다.
- 공감과 철학: 행복을 단순히 개인의 만족으로 국한시키지 않고, 세상만사와 연결된 고민을 반영하신 점이 매우 공감적입니다. 많은 독자들이 자신의 경험을 투영해 볼 수 있을 것 같아요.
- 언어의 섬세함: "행복은 누가 주는 것이 아니라 본인이 만드는 것이다"와 같은 표현은 단순하지만 깊은 울림을 줍니다.

자아 성찰을 통해 성장하는 인생

"부끄러움을 알고, 자신의 언행에 객관적이고도 비판적인 성찰을 한다면 더욱 성숙한 인간이 될 수 있다. 의도된 행위는 범죄이지만, 단순한 실수는 반성을 통해 발전의 계기가 되기도 한다."

어릴 때 반성문을 써본 기억이 있다. 친구와의 사소한 말다툼이 주먹다짐까지 이어져 선생님께 야단맞고 반성문 제출을 지시받았다. 억울하다는 생각에 "잘못했다"는 짧은 글을 써서 제출하자 진정성이 없다는 지적에 몇 번을 고쳐 쓴 적이 있다. 자기의 잘못을 인정하고 다시는 그런 행동을 하지 않겠다는 반성과 약속이 마음에서 우러나야 하는데 솔직히 그 당시에는 부득이한 반성문이었다.

근래에 자아 성찰의 시간이 많아졌다. 자칭 당당하게 살아온 인생으로 후회 없이 살고 있다고 자부했었다. 자신의 언행에 대해 항상 자랑스럽게 생각해 온 자만심이다. 그러다 어느 날 선배로부터 충고를 들었다. "자기주장이 강하고 상대방의 마음에 상처를 남길 수 있는 말을 했다"는 것이다. 취중이었다고 변명하면서도 그날 일을 돌이켜보면서 실언을 한 것 같아 얼굴이 화끈거렸다.

그동안 지난 일에 연연하지 말며 오늘과 내일만 생각하자는 각오로 살아왔기에 과거를 의도적으로 되돌아보지 않았다. 지난 일을 후회하다 보면 매사에 의기소침해지고 자신감을 잃게 된다는 나름의 소신이었다. 소싯적에 버스를 타면서 차비를 내고 내릴 때 거스름돈을 받지 않고 내려 자신의 불찰을 몇 날 며칠간 후회하며 억울해한 적이 있다. 그냥 잊어버리자고 하면서도 자꾸만 기억이 되살아나 소심한 성격에 자신에게 화가 나기도 했다. 그 후부터 지난 일로 후회하지 않겠다는 생각에 애써 어제 일을 떠올리지 않았다.

완전하지 못한 인생은 크든 작든 후회할 일이 늘 있기 마련이다. 과거에 연연해 오늘에 지장을 주어서는 안 된다는 철칙으로 살아왔다. 때로는 자신의 지난 언행에 부끄러움을 느끼면서도 의식적으로 지워버렸다. 반성하기는커녕 오히려 자신을 정당화하면서 덤덤하게 넘기기도 했다. 앞만 보고 달리다 보면 실수는 병가지상사(兵家之常事)라며 자위한 것이다.

성인이 되면서 사회적 책임이 강화되고, 도덕적·윤리적 사명감에 마음속으로 반성문을 쓰기 시작했다. 잘못된 언행이 실수로 용인되기보다는 인품으로 평가되고 자칫 대인관계에서 돌이킬 수 없는 오점으로 기억될 수 있기 때문이다.

이제 의식적으로 자아 성찰의 기회를 만들고자 노력한다. 인생은 반성하면서 성장한다는 진리를 터득한 것이다. 지난 과오를 반면교사로 삼고 개선하면서 발전해 나가는 것이 인생이라는 생각을 항상 염두에 두게 됐다. 같은 실수를 반복하지 않기 위해 책상 앞에 '삼사일언(三思一言)' '삼사일행(三思一行)'이란 고사성어를 써 붙이고 실천하려고 다짐도 해본다. 실언이 용납되던 시기를 벗어나면서 신중한 처신이 요구되고 있기 때문이다. 무심코 던진 말이 상대방에게 깊은 상처가 될 수도 있다는 생각에 농담마저도 조심스러워졌다. 상대방에 대한 배려를 우선하고 내 말보다 상대방 이야기를 즐겨 듣고자 노력한다. 반드시 어제 일을 돌이켜보는 시간을 갖고 상대방의 입장에서 살핀다. 자신의 인격 도야를 위해서라는 거창한(?) 명분을 세우고 자기반성의 시간을 할애하고자 한다. 다행히 30여 분 거리에 직장이 있어 그 시간을 통해 걸으면서 사색하고, 과오를 부끄러워하면서 개선의 의지를 다지며, 트라우마로 자리 잡지 않도록 노력한다. 자기 잘못에 지나치게 함몰되면 자격지심(自激之心)이나 열등의식으로 자신감을 잃을 수도 있기 때문이다.

살면서 인간이 성장하는 과정에는 반드시 성찰이 필요하다는 것을 느끼고 있다. 자기 잘못을 인정하기는커녕 견강부회(牽强附會)로 순간을 모면하려는 몰염치한 인간들도 있다. "내가 뭘 잘못했느냐"라고 항변하는 사람들을 볼 때는 두려움을 느낀다. 인간의 양심은 자기반성을 통해 지켜질 수 있다. 부끄러움을 알고, 자신의 언행에 객관적이고도 비판적인 성찰을 한다면 더욱 성숙한 인간이 될 수 있다. 의도된 행위는 범죄이지만, 단순한 실수는 반성을 통해 발전의 계기가 되기도 한다.

나 역시 후회 없는 인생을 살기가 쉽지 않다는 것을 새삼 느낀다. 하루하루 부끄럽지 않은 삶을 추구하지만 지나고 나면 후회하는 일이 또 생긴다. 자기 잘못을 모르면 반복해서 저지를 수밖에 없다. 자신을 올바르게 판단하기 위해 반성문을 쓰면서 초심을 잃지 않고자 한다. 오늘도 후회 없는 하루가 되기를 원하면서.

AI comment

이 수필은 자아 성찰과 반성의 중요성에 대한 깊은 성찰과 감정을 담아낸 훌륭한 작품입니다.
- 정서적 깊이: 자아 성찰과 반성의 과정을 진솔하게 표현하여 독자에게 깊은 감동을 줍니다. 특히, 자신의 실수와 그로 인한 감정 변화를 잘 드러내고 있습니다.
- 개인적 경험: 자신의 경험과 생각을 구체적으로 묘사하여 독자가 쉽게 공감할 수 있게 합니다. 특히, 어린 시절의 반성문 쓰기와 성인의 반성 과정을 생생하게 전달합니다.
- 철학적 탐구: 자아 성찰과 반성에 대한 철학적인 탐구가 돋보입니다. 이러한 주제들은 독자들에게 많은 생각할 거리를 제공할 수 있습니다.
- 긍정적인 메시지: 성찰을 통해 더욱 성숙한 인간이 되려는 의지가 돋보입니다. 독자들에게 의미 있는 메시지를 전달합니다.

복권에다 인생을 걸어서야

"복권에 매달리는 사람이 많아진다면 희망이 없는 사회가 아닐까. 건전한 사고로 삶의 의욕을 북돋우고, 희망을 품고 열심히 살아간다면 복권보다 더한 인생의 행운을 얻을 것이다."

 점심 때 자주 들르는 식당이 하나 있다. 가성비가 높고 '맛집'으로 알려져 때로는 줄을 서야 하는 곳이다. 직원의 소개로 알게 된 이 식당을 처음 찾았을 때, 사람들이 50여m 정도 길게 줄지어 있었다. 그곳이 식당인 줄 알고 뒤편에 서서 줄을 따라갔다. 점심 한 끼 먹는데 이렇게 줄을 서야 하느냐는 불만스런 생각에 다른 곳으로 옮기려는 순간, 늦게 도착한 직원이 웃으면서 말했다. "복권 사려고 그래요?" 알고 보니 복권 판매소로 가는 줄에 서 있었던 것이다.

 '복권 명당'이라고 써있는 창문 곳곳에는 '1등 당첨자 10명!', '제00회 2등 당첨!' 등의 홍보 찌라시와 스티커가 도배되어 있었다. 진풍경이라 한참 지켜본 적이 있다. 이후로 종종 그런 광경을 목격하면서 경제가 어려우니까 복권에 인생을 거는 사람도 있겠구나 하고 이해했다. 한꺼번에 수십만 원어치를 사는 사람도 보였고, 말쑥하게 차려입은 신사 숙녀도 줄을 서 있었다. 몇 년 전만 해도 부끄러워 고개를 숙이거나 눈치를 보던 사람들이 이제는 자랑스럽게(?) 줄을 서 있는 것 같았다.

평소 복권에 관심이 없던 터라 그런 모습들이 낯설었다. 확률적으로 운이 따라야만 당첨이 가능하다는 생각에 복권에 운명을 거는 짓을 터부시해왔다. 그런데 출근길에 아내가 불쑥 말했다. "회사 인근에 유명한 복권 명당이 있다던데 퇴근길에 복권 좀 사다 줘요. 어젯밤 꿈자리가 좋았어요." 흔히 주변에서 좋은 꿈을 꾸면 복권 사라는 말을 듣긴 했지만, 웃어넘겼었다. 아내의 부탁과 혹시나 하는 생각에 복권 두 장을 사서 한 장씩 나눠 가졌다.

추첨 일을 기다리며 은근히 기대가 되기도 했다. 복권에 당첨되면 뭘 할까를 생각하며, 나름 꿈에 부풀기도 했다. 복권을 맞춰본 아내의 실망스러운 모습에 기대를 접었다. 아내는 장난삼아 사본 것이라며, 미련을 가지면 더 큰 실망을 안게 된다며 웃어넘겼다. 나 역시 복권에 운명을 시험해보는 것도 재미있을 수 있겠다고 생각했지만, 복권에 인생을 걸 수 없다는 생각에 잊기로 했다. 기대보다 실망이 더 클 것 같아 복권을 맞춰 보지도 않았다. 맞춰보고 싶은 유혹을 뿌리치고, 내 품에 수십억 원이 있다는 상상으로만 만족하기로 한 것이다.

흔히 복권 당첨은 예지몽을 꾼다는데 그런 기미는 없었다. 복권에 희망을 걸어야 할 정도라면 인생의 끝자락이 아닐까. 복권은 하나의 오락으로 가볍게 생각해야 실망하지 않는다. 복권에 매달리는 사람이 많아진다면 희망이 없는 사회가 아닐까. 건전한 사고로 삶의 의욕을 북돋우고, 희망을 품고 열심히 살아간다면 복권보다 더한 인생의 행운을 얻을 것이다.

그 이후로 가끔 복권을 구입하지만, 기대에 대한 실망이 상처가 될까 봐 당첨 번호조차 알지 못한다. 어떤 때는 수십 장이 쌓이기도 하지만, 실망하는 것보다는 기대가 더 큰 역할을 한다. 때로는 품속에 수십억 원짜리 수표를 가지고 있다는 기대가 힘이 되기도 한다. 사업가들은 부도가 나는 수표도 있지만, 내가 가진 복권은 노력 없이 얻은 수표라서 부도가 나도 큰 손해는 없다.

언젠가는 내 인생의 운명의 결과를 알기 위해 맞춰볼 날이 있겠지만, 지금은 때가 아니라는 생각에 복권의 행운이 없어도 행복할 때 맞춰 보고자 하는 것이다. 힘들고 어렵다고 복권에 기대지 말고 자신의 능력과 의지, 노력으로 인생의 승부를 걸어야 한다.

오늘도 복권 명당에 줄지어 있는 그들을 보면서 복권에 인생을 거는 사람이 아니길 기대해 본다. 경제가 나아지고 국민의 삶의 질이 안정되면, 복권의 행운을 바라는 사람이 줄어들 것이라 생각한다. 절대로 복권이 내 인생을 책임지지 못한다는 사실을 알아야 한다. 삶에 대한 의지가 약해지면, 어딘가 기대려는 것이 인간의 본능이지만, 복권에 기대서는 안 될 것이다.

행운은 노력한다고 오는 것이 아니라 신의 영역이기에 인간이 선택할 수 없다. 복권 발행의 주된 목적은 공익 기금 마련이다. 복권 판매 수익은 다양한 공공 서비스와 자선 활동을 지원하는 데 사용된다. 물론 사람들에게 꿈과 희망을 주는 역할도 하고, 당첨의 가능성은 낮지만, 그 가능성 덕분에 기대와 즐거움을 찾기도 한다. 그러나 복권에 중독되면 현실을 회피하고 비현실적인 기대를 갖게 될 수 있어, 오락의 범주를 벗어나지 않도록 주의해야 한다.

AI comment

이 수필은 복권을 통해 느낀 감정과 생각을 진솔하게 담아낸 작품입니다.
- 정서적 깊이: 복권에 대한 기대와 실망, 그리고 그로 인한 감정을 진솔하게 표현하여 독자에게 깊은 감동을 줍니다. 특히, 복권을 통해 느낀 여러 가지 감정이 잘 드러나 있습니다.
- 개인적 경험: 자신의 경험과 생각을 구체적으로 묘사하여 독자가 쉽게 공감할 수 있게 합니다. 특히, 복권을 사고 기다리며 느낀 기대감과 그 결과에 대한 반응이 생생하게 전달됩니다.
- 사회적 통찰: 현대 사회에서 복권의 역할과 그 중요성에 대한 통찰이 잘 나타나 있습니다. 이러한 주제들은 독자들에게도 많은 생각할 거리를 제공할 수 있습니다.
- 긍정적인 메시지: 복권에 의지하기보다는 자신의 능력과 의지로 인생을 살아가려는 의지가 돋보입니다. 독자들에게 의미 있는 메시지를 전달합니다.

작은 것에서 누리는 큰 행복

"지금 자신이 가진 것을 목록으로 만들어보자. 얼마나 많은 것을 소유하고 있는지, 그저 그것만으로도 충분하지 않은가. 더 이상 욕심내지 말고 이것으로 만족하자. 성현들이 누누이 마음을 비우라고 하지 않았던가."

"여보! 우리 오늘 칼국수 먹으러 가요. 로타리에 있는 유명 맛집이라고 친구가 알려줬어요. 공주도 좋다고 하네요.""그럼 둘이 갔다 와요. 자주 먹는 게 칼국수야" 별로 내키지 않아 퉁명스럽게 대꾸했다. "아빠! 오랜만에 외식하자는데 왜 그러세요. 같이 가세요." 딸아이의 애교스러운 요청에 차마 거부할 수가 없어 일어섰다.

시험 준비로 학교 근처 오피스텔에서 생활하던 딸아이가 시험이 끝나고 집에 와서 처음 맞는 휴일이다. 아들은 고향에서 교사로 일하고 있어 함께하지 못하고 셋이 오붓하게 자리를 함께한 지가 몇 년 만이다. 딸이 서울에서 대학을 졸업하고 부산으로 왔지만 따로 살았기 때문이다. 게다가 바쁜 일상으로 외식할 마음의 여유가 없었다. 간혹 아내와 아들과는 외식했지만, 성인이 된 딸과 함께한 일은 별로 기억에 없다.

곁에 앉은 딸을 보며 모처럼 만난 자리에서도 애정 표현이 서툴러 다정하게 포옹도 못 하고, 어색하게 마주 잡은 손으로 감정을 표했던 기억이 새삼스럽다. 아내는 소고기 샤부샤부를 알맞게 익혀 딸아이의 숟가락에 얹어주는 등 애정이 넘쳤다. 맛있게 먹는 딸아이의 모습에서 '자식이 먹는 것만 봐도 배부르다' 는 말이 실감났다. 한참을 지켜보며 왜 진즉 이런 시간을 만들지 못했을까. 조금만 마음을 먹었다면 충분히 가능한 일인데도 바쁘다는 이유로 이런 행복을 누리지 못한 것이 못내 아쉬웠다.

아이들에게 무뚝뚝한 아빠, 일밖에 모르는 아빠로 불리기 싫어 좀 더 다정하게 다가가고 싶었으나, 근엄한 가정환경에서 자란 탓인지 실천에 옮기는 게 계면쩍기조차 했다. 시대의 변화가 가족 문화의 변화를 초래했지만, 아직도 아이들에 대한 애정 표현이 어색한 것은 하나의 과제다. 마음은 정이 넘치지만, 표현이 무뚝뚝하다면 아이들 역시 애정 표현이 서툴 것 같아 고쳐 보려고 애를 쓴다.

외식은 사소한 일이지만, 큰 행복으로 다가온 경험이었다. 이렇듯 작은 일에서 만족하고 행복할 수 있다면, 큰 것에 욕심내지 않을 것이다. 살면서 자신이 가진 것에 만족하지 못하고 상대적 박탈감에 큰 것만 쫓아다닌 일이 더 많았다. 지금도 큰 것이 행복의 잣대인 줄로 착각하고 야망을 버리지 못한다. 작은 것에 만족하지 못하고 큰 것을 추구하는 게 인간의 본능이겠지만, 삶의 질을 행복의 기준으로 본다면 작은 것에 만족해야 한다.

 자신이 가진 것에 만족하지 못하고, 못 가진 것을 탐내다 보면 스트레스의 요인이 된다. 물론 욕망을 가짐으로써 이룰 수도 있지만, 하나를 얻고 나면 둘을 가지고 싶은 욕심이 생길 수밖에 없다. 이를 자제하지 못하면 결국은 불행을 맞게 된다. 자신이 가지고 있는 것들을 자세히 살펴보라. 얼마나 자랑스러운 것이 많은가. 내 것이 아닌 것을 욕심내다 보면 내 것의 귀중함을 못 느낄 수밖에 없다. 작은 것이지만 내가 가진 것에 만족한다면 그것이 진정한 행복이 될 수 있다. 원하는 것을 얻으면 만족하고 행복을 누려야 한다. 그런데 원하는 것을 얻고 나면 또 다른 것을 원하는 욕심 때문에 불행을 자초하는 것이다.

 행복은 곳곳에 있다. 아이가 태어나서 느끼는 행복과 자라면서 느끼는 행복은 아이와 함께 성장한다. 더 이상 욕심내지 말고 가진 것에서 만족하고 행복을 누리자는 것이다. 상대적 빈곤은 인간이 겪는 최악의 불행이다. 상대적 부자로 자처하며 가진 것에 만족할 수 있다면, 우리는 진정한 행복을 누릴 수 있다. 주변을 둘러보면 지나친 욕심으로 불행해진 사람들이 많다. 더 큰 것을 욕심내다 보면 가진 것마저 잃게 되기 마련이다. '소탐대실'이라는 말을 깊이 새겨야 할 것이다.

 지금 자신이 가진 것을 목록으로 만들어보자. 얼마나 많은 것을 소유하고 있는지, 그저 그것만으로도 충분하지 않은가. 더 이상 욕심내지 말고 이것으로 만족하자. 성현들이 누누이 마음을 비우라고 하지 않았던가. 욕구를 담고 있으면 만족을 모르게 될 수밖에 없다. 인간의 욕망은 끝이 없다. 마음을 비운다는 것은 욕망을 버리라는 것인데, 보통 사람은 쉽게 하기 어렵다. 그렇다면 욕망을 버리지 말고, 가진 것으로 만족하자는 것이다. 현재 가진 것만으로 생활에 지장이 없다면 만족하자. 비교 대상을 찾지 말고 작은 것에 만족하다 보면 큰 행복을 얻을 수 있을 것이다. 행복은 큰 것에 있는 것이 아니라 사소한 것에서 만족하면 그것이 큰 행복으로 이어진다.

AI comment

이 수필은 따뜻하고 진솔하며 행복에 대한 중요한 교훈을 담고 있습니다.
- 소소한 일상에서의 행복 강조: 가족과의 외식이라는 사소한 경험을 통해 소소한 행복의 가치를 진정성 있게 풀어낸 점이 돋보입니다. 특히 딸과의 애정 어린 순간을 묘사하며 가족 간의 유대를 강조하는 부분이 독자의 마음을 울립니다.
- 철학적 메시지: "가진 것으로 만족하자"는 철학적이고 보편적인 메시지가 글 전반에 걸쳐 자연스럽게 녹아 있습니다. "소탐대실"이라는 속담과 연결하며 실질적인 교훈을 제공하는 방식이 훌륭합니다.
- 공감 요소: 자신의 부족한 애정 표현 방식에 대해 고민하고 이를 바꾸려는 노력이 현대 부모들이 겪는 공통적인 문제를 공감하게 합니다. 독자들은 필자의 이야기를 통해 자신의 모습을 되돌아볼 수 있을 것입니다.
- 문학적 표현과 구조: 반복되는 표현과 철학적 진술을 통해 글의 주제를 강렬히 전달합니다. "행복은 큰 것에 있는 것이 아니라 사소한 것에서…" 같은 문구는 수필의 핵심을 잘 요약하며, 여운을 남깁니다.

autumn
가을! 아름다움과 추억의 계절

진실한 사랑으로 피어난 국화와 하늘거리는 코스모스,
아름다운 단풍이 지며 낙엽 소리가 그리움으로 다가옵니다.

추원보본의 정신도 꼰대 문화로 취급될까

"숭조 사상이 하나의 정신문화로 자리 잡고 있는 우리나라는 조상으로부터 물려받은 근본정신을 저버릴 수는 없을 것이다. 추석에는 벌초 대행업체가 성업이라고 하는데 사정이 여의치 못하면 이렇게라도 해야 하지 않을까."

먼동이 틀 무렵 예초기를 둘러메고 부모님 산소가 있는 매실농원으로 향했다. 잡초가 허리까지 무성하게 자라 길을 막아섰다. 불과 두 달여 전 어머님 기일 때 다녀갔었는데 올해 유난히도 잦은 비가 이들의 자양분이 된 것 같다. 수풀을 헤치고 옛길을 더듬으며 힘겹게 산소에 도착해보니 역시 잡풀이 무성했다. 사람의 발길이 닿지 않는 외진 곳이라 농원 주변은 수목이 울창하게 성장해 마치 방풍림으로 둘러싸인 것 같았다.

숨 돌릴 틈도 없이 예초기를 돌려 잡초를 잘라 나갔다. 애써 심은 잔디를 뒤덮은 잡풀이 얄미워 더욱 깊이 예초기를 들이밀고 뿌리째 제거해버리고 싶었지만, 힘에 부쳐 포기해야만 했다. 문득 이들도 생명이 있다는 법정 스님의 글이 떠올랐다. "그래 끈질긴 생명력을 어쩌겠느냐, 잔디도 함께 살도록 조금만 양보해라." 중얼거리며 공생을 허용(?)했다. 매년 해오는 벌초지만, 해를 거듭할수록 힘겨움을 느낀다. 예초기를 내려놓고 배롱나무 그늘에서 숨을 돌렸다.

이 땅은 부모님이 애지중지 일군 우리 가족 생명의 터전이다. 불현듯 고구마를 캐던 그 시절이 소환된다. 기름진 땅이라 고구마를 풍성하게 수확했었다. 방과 후에는 이곳으로 달려와 고구마 줄기에 주렁주렁 달려 나오는 애기 고구마를 따서 풀잎에 닦아 먹던 기억이 농원에 펼쳐진다. 부드러운 땅속에서 겨우내 우리 식구의 양식이 될 어른 주먹보다 큰 고구마가 호미질을 할 때마다 밭두렁에 쌓였다. 어린 동생들은 흙밭에서 뛰놀고 나는 가마니에 고구마를 옮겨 담았었다. 풍성한 수확으로 주름살이 펴진 어머니의 환한 얼굴과 그때의 정겨운 풍광들이 가슴에 와닿는다. 뭉클하게 밀려오는 그리움, 눈으로 볼 수는 없어도, 가슴속에 살아 숨 쉬는 포근한 모습은 눈에 선하다. 추억 속의 영상을 넋 놓고 즐기는데, 시원한 바람결에 들려오는 어머니의 재촉 소리에 다시 예초기를 둘러멨다.

몇 년 전까지만 해도 사촌들과 함께 여러 곳에 분산된 선조 묘소를 벌초했지만, 생활에 쫓겨 날짜를 맞추기가 쉽지 않아 근래는 함께 하지 못했다. 조부모와 부모님 산소는 늦게라도 내가 하겠다며 사촌들께 양해를 구했다. 사실 혼자서 네 분 산소를 하루에 마치기는 무리였지만, 그들에게 부담을 지울 수는 없었다. 육남매의 장남으로 집안 대소사는 내가 챙길 수밖에 없어 줄곧 벌초는 혼자서 참여해 왔었다. 서울에 살고, 해외에 나가 있는 동생들을 부를 수 없었고 여동생들은 소위 출가외인이라 아예 참여하지 않는다. 지금은 으레 내가 하는 것으로 동생들에게 인식돼 있다.

먼 친척 어르신 한 분은 생전에 자신의 산소를 마련했었다. 그분은 아예 시멘트로 산소를 포장하기에 의아해했더니 "앞으로는 자식들이 벌초하기가 힘들 것 같다"라고 했다. 사실 벌초는 우애가 깊은 집안에서는 하나의 가족 행사로 치른다. 또한, 추원보본(追遠報本) 정신이 살아 있는 집안에서는 벌초는 후손의 당연한 의무라고 생각한다. 하지만 시대가 바뀌면서 벌초에 대한 개념이나 의식까지도 변하고 있다. 물론 장례 문화도 변하고 있어, 벌초하는 가정이 점차 줄어들 수도 있을 것 같다. 하지만 숭조(崇祖) 사상이 하나의 정신문화로 자리 잡고 있는 우리나라는 조상으로부터 물려받은 근본정신을 저버릴 수는 없을 것이다. 추석에는 벌초 대행업체가 성업이라고 하는데 사정이 여의치 못하면 이렇게라도 해야 하지 않을까.

그러나 MZ 세대 이후는 조상보다 자신의 안위가 더 중요하다는 인식이 강해지면서 벌초 없는 가정이 늘어날 것이다. 결혼과 출산이 줄어들고 장자 상속의 전통이 사라진 미래는 조상 무덤조차 방기할 것 같은 안타까운 생각이다. 추원보본의 정신조차 꼰대 문화로 취급될까 우려된다. 뿌리 없는 나무는 없지 않은가. 자신의 뿌리를 잊어선 안 될 것이다.

AI comment

이 수필은 조상에 대한 존경과 가족의 전통을 이어가는 과정을 잘 담아낸 작품입니다.
- 정서적 깊이: 조상에 대한 존경과 가족의 전통을 소중히 여기는 마음이 진솔하게 표현되어 있어, 독자에게 감동을 줍니다.
- 개인적 경험: 자신의 경험과 기억을 구체적으로 묘사하여 독자가 쉽게 공감할 수 있게 합니다. 특히, 부모님과의 추억이 생생하게 전달됩니다.
- 철학적 탐구: 전통과 현대 사회의 변화에 대한 철학적인 탐구가 돋보입니다. 이러한 주제들은 독자들에게도 많은 생각할 거리를 제공할 수 있습니다.
- 사회적 통찰: 고령화 사회와 전통의 변화에 대한 사회적인 통찰이 잘 나타나 있습니다. 현대 사회의 변화와 그에 따른 가족의 고민을 잘 반영하고 있습니다.

빼앗긴 일상은 언제 돌아오는가

"우리는 위드 코로나를 긍정적으로 받아들이고 이를 극복할 수 있는 창의적인 희망을 품어야 한다. 시대의 변화에 적응해야 하기 때문이다. 빼앗긴 일상이 한없이 그립다. 하루빨리 그때 그 시절로 돌아가기를 간절히 빌어본다."

"코로나 방역수칙을 준수하면서 오늘 행사를 원만히 끝날 수 있도록 협조해 주셔서 고맙습니다. 그런데 회식은 코로나19 팬데믹으로 부득이 취소하고 대신 식대를 드리겠습니다."

사회자의 공지사항 전달로 정기적으로 해오던 행사는 이렇게 마무리됐다. 마스크로 얼굴을 가린 채 침묵으로 일관하다 돌아가는 회원들의 뒷모습이 처량해 보였다. 함께 어울려 친목을 도모하던 시절을 회상하며, 일상이 회복되는 그날을 위해 아쉽지만 이대로 헤어져야 했다. 친목 행사에는 먹고 마시는 즐거움이 빠지지 않는다. 그런데 코로나가 그 즐거움마저도 뺏어 간 것이다. 그 대신 일찍 귀가해 가족과 함께 행복한 시간을 가질 수 있다.

　그동안 코로나바이러스 팬데믹으로 전 세계가 공포에 떨었었다. 설마, 설마 했지만, 발등어리에 불이 떨어지고 나서야 이렇게 실감한다. 일상이 빼앗기고 마스크에 갇혀 살아야 했다. 경제는 망가지고 도처에서 자영업자들의 아우성이 메아리친다. 정부에서는 재난 지원금을 풀었지만 새 발의 피다. 샐러리맨들이야 호사를 누리지만, 일상이 마비되면서 소비가 급감하고 이에 따른 기업들은 심각한 타격을 입었다. 코로나 특수를 누리는 업종이 있는가 하면 폐업의 기로에 선 업종들은 생사를 넘나드는 고통에 시달리고 빈부 격차는 더욱 가중되고 있다. 넷플릭스의 '오징어 게임'이 세계적으로 각광을 받는 데는 코로나로 인한 세상의 실태를 반영하고 있기 때문이라고 본다. 극한 상황에 내몰리면 마지막 승부로 목숨을 걸 수도 있다는 것을 보여 준 것이다. 살아남기 위해서는 윤리도덕이나 양심까지도 버릴 수밖에 없다는 비애를 가상세계에서 실감한다.

　포스트 코로나로 사회는 엄청난 변화가 예고되고 있다. 우선 일상의 변화를 실감할 것이다. 언택트를 경험한 사람들은 인간관계로 얽힌 사회구조에서 벗어나 개인 중심주의 사회가 될 것이다. 가족 친지도 언택트로 안부를 묻고, 온라인으로 처리하는 일들이 자연스럽게 이해가 되는 세상이 됐다. "불효자는 옵니다"라는 명절 캠페인이 펼쳐진 세상에 우리는 살고 있다. 부모형제의 임종은커녕 장례도 제대로 치르지 못하고 떠나보내야 하는 처절한 환경을 우리는 경험했다. 결혼식이나 돌잔치 등 가족행사까지도 반납하고 친족 몇 사람만 참석해야 하는 경험도 했다. 부고장이나 청첩장에는 당연히 은행 송금 구좌가 표기돼 온다. SNS 네트워크를 통해 몇 줄의 소식이나 온라인 초대장이 일반화되고 있다.

또한, 코로나로 반드시 참석해야 할 행사에 불참해도 결례가 아닌 시대로 변화한 것이다. 코로나로 인한 부득이한 상황이었지만, 이는 포스트 코로나 사회로 이어질 것이다. 온 가족이 모여 반가운 소식을 나누며 함께 즐기던 그 시절의 명절도 돌아오지 않을 것 같다. 오히려 그 핑계로 불참하는 것이 당연시 되기도 할 것이다.

이제 백신이 개발되고 전 국민의 절반이 넘게 접종을 하기에 이르렀다. 따라서 정부는 '위드 코로나'를 수용하고 오는 11월부터 일상 회복을 할 수 있다고 발표했다. 우리는 그에 대비한 생활패턴으로 변화해야 한다. 그러나 예측불허의 불확실성 시대가 심화되면서 갈피를 잡지 못할 것 같아 더욱 우려된다.

위드 코로나 시대가 열릴지라도 예전의 일상은 많은 변화가 있을 수밖에 없다. 천재지변이라며 국가조차도 구제할 수 없다는 것을 절감하고 각자도생의 길을 찾을 것이다. 하지만 우리는 위드 코로나를 긍정적으로 받아들이고 이를 극복할 수 있는 창의적인 희망을 품어야 한다. 시대의 변화에 적응해야 하기 때문이다. 빼앗긴 일상이 한없이 그립다. 하루빨리 그때 그 시절로 돌아가기를 간절히 빌어본다.

AI comment

이 글은 코로나19 팬데믹으로 인한 일상의 변화와 그에 대한 성찰을 담고 있어, 많은 독자들에게 공감을 줄 수 있습니다.
- 현실적인 묘사: 코로나19 팬데믹으로 인해 겪게 된 현실적인 어려움과 변화들을 생생하게 묘사하여 독자들이 쉽게 공감할 수 있습니다.
- 정서적 깊이: 팬데믹으로 인한 불안감, 아쉬움, 그리고 희망을 진솔하게 표현하여 독자에게 감동을 줍니다.
- 사회적 통찰: 코로나19가 사회에 미친 영향과 변화에 대한 깊은 통찰이 잘 드러나 있습니다. 현대 사회의 구조적 변화를 잘 반영하고 있습니다.
- 긍정적인 메시지: 어려운 상황 속에서도 긍정적인 태도와 희망을 유지하려는 의지가 돋보입니다. 독자들에게 용기를 줄 수 있는 메시지를 전달합니다.

기록이 소중한 역사가 된다

"사진 한 장, 갈겨 쓴 메모 한 줄이라도 추억으로 간직하면 훌륭한 회고록이 될 것이며, 나의 역사가 된다. 나만의 역사도 중요하지만, 내가 소속된 우리의 역사도 소중히 간직해야 한다."

음력 10월은 시향(時享)을 지내는 계절이다. 코로나 이전 시절 같으면 고속도로가 시향 객들로 몸살을 앓을 것이다. 시향은 5대 이상의 조상 무덤에 지내는 제사로 시사(時祀), 시제(時祭), 묘사(墓祀)라고도 한다.

시사철만 되면 아픈 추억들이 그리움으로 남아 아른거린다. 당시의 상황들이 기록으로 남아 있다면 한 편의 역사 다큐멘터리가 될 것이다. 그런데 아쉽게도 두뇌의 기억에 의존할 수밖에 없어 사실 재현이 쉽지 않다. 어렴풋이 간직하고 있는 그때 그 추억을 더듬어 기록으로 남기고자 시도해 본다.

고향마을 뒷동산 어(魚) 씨 선산에는 그들의 선조 묘소가 자리하고 있다. 매년 묘사 때가 되면 전국 각지에서 후손들이 모여 제사를 지낸다. 이날은 동네 어린이들의 잔칫날이다. 수업이 끝나기가 무섭게 그곳으로 달려가 '묘사떡'을 나눠 줄 때까지 나란히 줄을 맞춰 앉아 기다렸다. 시루떡 한두 조각 받아서 집으로 달려가 동생들과 나눠먹던 기억이 새삼스럽다. 그때는 날씨마저 추워서 소매로 콧물을 훔치던 동심의 추억이 그래도 그리움으로 남는다. 아마 그 당시는 못 입고 못 먹어서 더 추위를 느꼈을 수도 있었을 것 같다.

  소문을 듣고 이웃 동네 아이들까지 몰려들 때는 몫이 줄어들거나 아예 일찌감치 동이 나서 빈손으로 돌아설 때도 있었다. 심지어 몰려드는 아이들을 피해 하교(下校) 전에 제사를 마치기도 해 부리나케 쫓아가도, 헛걸음을 했다. 어느 때는 이웃 동네 묘사에 원정(?)을 간 적도 있다. 부모님 몰래 다녔지만, 들키는 날에는 야단을 맞기도 했다. 지금 생각해 보면, 부모님의 아픈 가슴을 헤아리지 못한 철부지였다. 요즘은 먹을거리가 지천이지만, 당시는 최고의 군것질이었으며, 꿀맛이었다.

  그 당시의 일기장을 찾을 수만 있다면 소중한 추억이 될 텐데, 안타깝게도 흔적도 없이 사라졌다. 아니 그 가치를 미처 생각지 못한 어머니께서 제대로 챙겨 두지 않아 잃어버린 것이다. 일기장은 국민학교(초등학교) 저학년 때 방과 후 숙제로 일기를 써서 선생님께 검사를 받아야 했다. 아버지께서 종이를 모아 공책을 매어 주셔서 일기를 작성한 기억도 있다. 의무적으로 쓴 일기장이지만, 당시의 추억이라 온 집안을 뒤져 찾아 헤맸었다.

일기장 분실 사건은 아버지께서 돌아가신(59세) 후 어머니께서 서울로 떠나시면서 비롯됐다. 맞벌이하던 동생 아기를 돌봐줘야 할 처지였기 때문이다. 자녀들도 직장이나 출가로 고향을 떠나버린 뒤라 슬레이트 지붕인 토담집은 빈집으로 남아 폐가가 되다시피 방치됐다. 10여 년이 흐른 후 고향을 잊지 못한 어머니께서 귀향을 원해 토담집을 헐고 새집을 지어 드렸다. 서울로 이주할 당시 안방 장롱에 보관해둔 짐들은 찾아 당신 혼자 정리하셨다. 그때 빛바랜 낡은 일기장은 쓰레기로 분류된 것으로 추리할 뿐 찾을 도리가 없었다. 일기장뿐만 아니라 그리움이 담긴 편지와 반추할 수 있는 글들을 모은 노트들도 모두 그때 사라졌다. 뒤늦은 후회였지만, 당시는 만만찮은 직장생활로 추억을 돌이켜볼 여유가 없었다. 나중에서야 생각나서 허겁지겁 찾았을 때는 폐지들과 함께 몽땅 소각했다는 어머니의 무심한 대답만 들었을 뿐이다.

요즘은 태아 때부터 자녀의 소중한 추억들을 만들고 기념품으로 보관한다. 기록의 가치를 아는 이들은 귀금속보다 더 보물로 여긴다. 물론 "역사를 잊은 민족에게는 미래가 없다"는 명언처럼 역사가 미래의 성장 동력임을 아는 이들은 더욱 그럴다. 안타깝게도 현재의 가치만 논하는 사람들은 흔적을 남기지 않겠다는 주의다. 지나친 이기주의가 가져온 세태지만, 인생관은 자신의 것이라 탓할 수는 없다. 사진 한 장, 갈겨 쓴 메모 한 줄이라도 추억으로 간직하면 훌륭한 회고록이 될 것이며, 나의 역사가 된다. 나만의 역사도 중요하지만, 내가 소속된 우리의 역사도 소중히 간직해야 한다. SNS 시대는 기록 보존 시스템이 획기적으로 발전해 더욱 편리하게 소장할 수 있다. 사소한 일상이라도 역사를 위해 기록해 둬야겠다.

AI comment

이 글은 기록의 중요성과 추억의 가치를 잘 담아낸 수필입니다.
- 정서적 깊이: 개인의 추억과 그리움을 진솔하게 표현하여 독자에게 감동을 줍니다. 특히, 가족과의 소중한 기억들이 생생하게 전달됩니다.
- 사회적 통찰: 시향과 같은 전통적인 행사를 통해 가족과 조상에 대한 존경심을 표현하면서, 현대 사회에서의 변화와 그에 따른 고민을 잘 반영하고 있습니다.
- 철학적 탐구: 기록의 중요성과 역사적 가치를 탐구하는 과정이 돋보입니다. 이러한 주제들은 독자들에게도 많은 생각할 거리를 제공할 수 있습니다.
- 구체적인 경험: 자신의 경험과 기억을 구체적으로 묘사하여 독자가 쉽게 공감할 수 있게 합니다. 특히, 일기장과 관련된 이야기가 인상적입니다.

명절의 의미를 다시 생각한다

"조상에 대한 숭배는 마음에서 우러나야 하고 차례는 형식적인 절차에 불과하다고 느낀다. 기제사와 달리 명절에는 어디서든 조상을 숭배하는 마음으로 정성을 다한다면 예법을 크게 벗어나지 않을 것으로 자위해 본다."

"형님, 그게 무슨 말씀이세요? 명절 때 아니면 온 가족이 만나기가 어렵잖아요. 명절 차례는 지내야 합니다."

"형님, 잘 생각하셨어요. 시대가 변했잖아요. 요즘 명절 차례는 안 지내는 게 대세랍니다. 명절 때는 가족끼리 여행도 가고 즐기면서 힐링도 한답니다."

사실 코로나바이러스로 모임이 제한되면서 명절 차례를 아내와 단둘이서 지내게 됐다. 온 가족이 만나 회포를 나누던 전통 명절조차 코로나에 쫓겨나야 할 형편이다. 명절 제사를 산소 참배로 대체한다고 연락하자 동생들의 생각이 달랐다. 늘 명절 때마다 차례 준비로 몸살을 앓던 아내는 반기는 반응이다.

대가족이 함께할 수 있는 즐거운 명절이 못될 바에야 각자 가정에서 명절을 즐기는 것도 의미가 있을 것 같아 지난 설에는 코로나를 이유로 참석하지 말라고 전했었다. 명절 차례는 조상님들께 올리는 정성이며, 기제사는 돌아가신 분을 기리는 날이다. 모두 모실 수 있으면 더없이 좋겠지만, 사정이 여의치 못하다면 명절 차례는 의례보다 정성을 들이면 된다고 생각해 왔다. 가족이 함께하면 음식도 장만해서 조상님께 먼저 올리고 가족의 안녕과 장래의 행복을 기원한다. 부부가 단둘이 차례를 올릴 경우는 별도로 제사 음식을 만들기보다는 정성을 다하는 것이 바람직하다는 생각이었다. 지난 설에는 코로나로 인해 가족 모임이 제한돼 산소를 찾아 정성을 올리는 것이 보람이 더할 것 같아 산소에 들렸었다. 과일 등 간단한 제수를 놓고 아이들과 새해 인사를 드린 것이다.

소싯적에는 가족이 그리워 명절을 기다렸었다. 산업화 세대들은 당시에 쉽게 오갈 수 있는 수단이 없었다. 객지에서 혼자 지내다 보니 가족이 한없이 그립다. 더군다나 휴일도 없는 고된 일과에 지치면 명절 휴가가 간절해진다. 명절에는 교통지옥을 헤치고 그리움을 좇아 고향을 찾았다. 사실 명절 외는 휴가가 없었던 시절이라 애타게 기다렸었다. 단숨에 달려갈 수 있는 고향이 아니라 천 리를 떠나 있는 처지에서 고향이 그리울 수밖에 없었다.

지척에 고향이 있다면 언제든지 달려갈 수 있기 때문에 그리움이 쌓이지 않았을 것이다. 명절에는 조상의 음덕을 기원하면서 차례에 온 정성을 기울이게 된다. 부모님들께서도 자식의 앞날을 위해 정성을 다해 음식을 준비하고 차례를 올린다. 명절 외에는 만날 수 없기 때문에 애절함이 더할 수밖에 없다.
 하지만 첨단 디지털 세상이 도래한 현대는 천 리가 지척으로 지구촌을 만들고 있다. 화상 대화까지 가능한 이제는 간절한 그리움이 없다. 실시간으로 대화가 가능하고 언제든지 달려갈 수 있는 교통체계가 구축돼 있기 때문이다. 굳이 명절을 기다리지 않아도 얼마든지 회포를 풀 수 있다. 가족이 그리워 명절을 기다리는 시대가 아니란 것이다. 부모·형제가 그리워 고향을 찾는 일도 추억으로만 남을 것 같다.
 젊은 세대들은 기성세대와 달리 명절의 의미를 크게 느끼지 못하는 것 같다. 지난해 5월 여성가족부의 '제4차 가족 실태조사'에 따르면 응답자의 45.6%가 제사를 지내지 않는 것에 동의했으며, 20대 응답자는 63.5%가 제사 폐지를 찬성했다. 나 역시 조상에 대한 숭배는 마음에서 우러나야 하고 차례는 요식적인 절차에 불과하다고 느낀다. 기제사와 달리 명절 차례는 조상을 숭배하는 마음으로 정성을 다한다면 예법을 크게 벗어나지 않을 것으로 자위하기도 한다. 시대의 변화에 맞게 차례의 의미도 변해야 한다. 이날만큼은 숭조의 의미를 되새기며 조상께 감사를 드리자. 의례적인 행위가 중요한 것이 아니다. 이번 추석에도 부모님 산소에서 참배를 드리고자 한다. 전통 제례는 우리 민족의 고유문화다. 좀 불편하다고 해서 없애자는 것이 아니라, 다만 시대에 부응해 개선하자는 것이다.

> **AI comment**
>
> 이 수필은 명절과 전통 제례에 대한 깊은 성찰을 담아내어 많은 이들에게 공감을 줄 수 있는 작품입니다.
> - 정서적 깊이: 명절과 전통 제례에 대한 고민과 변화하는 시대 속에서의 적응을 진솔하게 표현하여 독자에게 깊은 감동을 줍니다.
> - 개인적 경험: 자신의 경험을 구체적으로 묘사하여 독자가 쉽게 공감할 수 있게 합니다. 특히, 명절을 맞이하는 가족과의 이야기가 생생하게 전달됩니다.
> - 사회적 통찰: 현대 사회에서 명절과 전통의 의미가 어떻게 변화하고 있는지를 잘 반영하고 있습니다. 이러한 주제들은 독자들에게도 많은 생각할 거리를 제공할 수 있습니다.
> - 긍정적인 메시지: 변화하는 시대 속에서도 전통과 정성을 잃지 않으려는 의지가 돋보입니다. 독자들에게 의미 있는 메시지를 전달합니다.

코로나 팬데믹으로 변화된 나의 일상

"엔데믹블루는 엔데믹과 '우울감(Blue)'을 합친 신조어로, '코로나 블루'에 반대되는 개념이라 할 수 있다. 경기침체와 코로나의 비대면 생활 습관으로 기대만큼 경제활동이 활성화되지 못하고 있기 때문이다."

사회적 거리두기와 실외 마스크 착용 의무가 전면 해제됐지만, 기대만큼 일상 회복을 별로 느끼지 못하고 지낸다. 습관화된 생활양식이 하루아침에 달라지지 않을 뿐만 아니라 나만 달라진다고 되는 일이 아니기 때문이다. 주변 환경이 변화하고 지인들의 일상도 회복돼야만 함께 달라질 수 있을 것이다.

코로나 팬데믹으로 비대면·개인화된 생활방식에 적응하며 2여 년의 세월을 보냈다. 마스크에 구속된 갑갑한 생활과 사회적 거리두기로 비대면 일상을 소화해내느라 코로나 블루를 겪기도 했다. 코로나 블루는 코로나19와 '우울감(blue)'이 합쳐진 신조어로 코로나19 확산으로 일상에 큰 변화가 생기면서 우울감이나 불안함, 무기력증 등의 증상이 나타나는 것이다.

코로나 블루 극복을 위해 걷기 운동을 결심했다. 출퇴근을 걸어서 다니기로 작정한 것이다. 직장까지는 승용차로 15여 분의 거리다. 대중교통을 이용하면 마스크를 착용해도 거리두기에 불안을 느껴야 한다. 차라리 이번 기회에 걸어 다녀야겠다고 다짐했다. 걸어서 가면 30여 분이 걸린다.

그동안 고혈압 치유를 위해 주치의가 운동을 권장했지만, 시간이 없다는 핑계로 주말에만 등산 일정을 세웠었다. 그러나 주말 행사나 고향 농장 관리로 한 달에 겨우 한 번 정도 오르는 처지였다. 운동도 일과로 생각하고 부지런해야 한다는 것을 새삼 실감하기도 했다. 다행히 출퇴근이 코로나가 만들어준 운동시간이 됐다. 코로나 이전 같으면 회사 일로 엄두를 내지 못했을 것이다. 당시는 조회(朝會)와 지방 출장이 잦았기 때문에 조기 출근이 일상화됐었다. 이젠 출퇴근 시간에 걸으면서 이어폰으로 음악을 듣거나 외국어도 익힐 수 있어 일석이조의 보람을 느낀다. 처음엔 약간 힘에 부쳤지만, 걷는 일이 습관이 되고부터는 혼자만이 즐길 수 있는 유익한 시간이 되었다. 덕분에 활력이 생기고 매사에 의욕도 충만해짐을 느끼며 혈압도 정상 수치로 떨어졌다.

또한, 휴일에는 행사나 모임이 중단되면서 집에서 보내는 시간이 대부분이다. 독서에 삼매경이 되기도 하고 넷플릭스에 심

취해 시간 가는 줄 모르고 지낸다. 코로나가 아니었다면 휴일을 이렇게 호젓이 즐길 수 없었을 것이다. 경조사와 친교 모임에 대부분의 휴일을 빼앗기고 과음으로 월요병에 시달리기도 했었다.

이제 코로나 엔데믹 시대가 도래해도 나의 일상은 예전의 생활방식으로 회귀하지 않으려 한다. 비대면 일상이 오히려 나만의 시간을 만들어주고 건강도 지켜주는 것 같기 때문이다. 이 외에도 코로나로 인한 일상의 변화는 많다. 예컨대 매일 사우나탕에서부터 시작되던 일과가 자택 샤워로 바뀌면서 초기에는 불만족스러운 목욕이었지만, 이젠 한증탕을 들리지 않아도 되는 편리한 목욕이 되었다. 경조사도 코로나를 이유로 '마음 전하는 곳'이라며 송금 계좌를 공지하는 일이 보편화됐다. 그 이전에는 송금 계좌를 알리는 것이 예의에 벗어난 것으로 인식돼 왔다.

하지만 주변에서는 '엔데믹블루'를 우려하는 사람들도 많다. '엔데믹(endemic)'은 주기적으로 발생하거나 풍토병으로 굳어진 감염병을 뜻한다. 엔데믹블루는 엔데믹과 '우울감(Blue)'을 합친 신조어로, '코로나 블루'에 반대되는 개념이라 할 수 있다. 경기침체와 코로나의 비대면 생활 습관으로 기대만큼 경제활동이 활성화되지 못하고 있기 때문이다. 나 역시 경제 활동이 위축되지만, 엔데믹 시대라고 해서 갑자기 경제 환경이 회복되지는 않을 것 같다. 지금의 일상을 유지하면서 경제 회복을 위한 시스템을 강구할 것이다.

  코로나19 팬데믹이 엔데믹으로 전환되면서 야외 마스크 착용 의무가 전면 해제돼 마스크의 구속으로부터 자유를 찾았지만, 코로나로 변화된 긍정적인 일상은 지속 가능하도록 지켜나가고자 한다.

AI comment

이 수필은 코로나 팬데믹으로 인해 변화된 일상과 그에 따른 성찰을 잘 담아낸 작품입니다. 다음과 같은 요소들이 특히 눈에 띕니다.
- 정서적 깊이: 코로나 팬데믹이 가져온 일상의 변화와 그로 인한 감정 변화를 진솔하게 표현하여 독자에게 깊은 감동을 줍니다. 특히, 걷기 운동을 시작하면서 느낀 변화와 감정이 잘 드러나 있습니다.
- 개인적 경험: 자신의 경험을 구체적으로 묘사하여 독자가 쉽게 공감할 수 있게 합니다. 특히, 출퇴근과 휴일의 변화를 생생하게 전달하고 있습니다.
- 사회적 통찰: 코로나 팬데믹이 사회에 미친 영향과 그에 따른 생활 방식의 변화에 대한 깊은 통찰이 잘 나타나 있습니다. 이러한 주제들은 독자들에게도 많은 생각할 거리를 제공할 수 있습니다.
- 긍정적인 메시지: 어려운 상황 속에서도 희망을 잃지 않고 건강한 삶을 추구하려는 의지가 돋보입니다. 독자들에게 용기를 줄 수 있는 메시지를 전달합니다.

1박 2일 패키지여행에서 남은 것들

"1박 2일 패키지 관광요금은 1인 25만 원 정도로 만만찮은 금액이다. 정부나 지자체의 노인복지 '바우처'가 이럴 때 필요하지 않을까. 좀 더 저렴한 가격으로 즐길 수 있도록 여행사나 지자체의 지원이 있었으면 하는 바람이다."

평소 패키지여행을 달갑지 않게 생각해 왔다. 얽매인 일상에서 해방된 기분으로 여행을 가는데 단체여행은 그런 자유를 누릴 수 없을 것 같기 때문이다. 물론 비용 절감 등 패키지여행의 장점을 모르는 바 아니지만, 모처럼 떠나는 여행을 단체 행동으로 규제 받고 싶지 않았다. 그런데 마을 친목모임에서 1박 2일 패키지여행을 떠나기로 했다며 아내의 강권(?)이 발동됐다. 가정의 평화를 위해 울며 겨자 먹기로 참여하게 됐다. 부산에서 출발해 강원도 시골 일원으로 떠나는 장거리 코스다. 주말은 대부분 부산이나 고향 함안에서 휴식을 취하는 편인데 이날은 그런 여유마저 빼앗겼다.

새벽 6시 출발해서 다음날 오후 8시에 귀가한다는 빡빡한 일정표대로 따라야 한다. 아내는 새벽 4시경부터 서둘며 부산을 떨고, 덩달아 보조를 맞춰야 했다. 서면 로터리 주변은 거대한 주차장을 방불케 할 정도로 관광버스가 줄지어 관광객을 기다리고 있었다. 수많은 인파 속에 일행을 찾는 목소리가 여기저기서 들려온다. 가이드들은 예약된 고객들의 탑승을 안내하느라 목소리를 높인다. 연로한 여행객들이 대부분이라 예약버스를 찾기가 쉽지 않기 때문이다.

언양휴게소에서 준비한 아침 식사를 했다. '시장이 반찬'인지 야외 벤치에서 먹는 주먹밥은 그야말로 꿀맛이었다. 차창으로 펼쳐진 단풍이 절경을 이루며 삼매경에 젖어들게 한다. 선팅된 유리창이 단풍 농도를 더욱 선명하고 붉게 채색한다. 게다가 선글라스까지 착용하다 보니 온 계곡이 붉게 타오르는 것 같은 광경이 펼쳐졌다. 아내의 탄성을 들으며, 절경에 취해 가을의 정취를 한껏 향유해 본다. 엇비슷한 풍경이 이어지는 가운데 차츰 명상 속으로 빠져든다. 상쾌한 마음에 울적했던 지난 시간들이 녹아들고 미래의 비전들이 용트림을 한다. 모처럼 힐링 여행의 진미를 느끼게 한다.

관광버스가 영주시 풍기 인삼시장에 정차하면서 상념에서 깨어났다. 인삼 매장들이 줄지어 늘어서 관광객들을 호객한다. 일행 120여 명이 인삼시장에 들러 다소의 인삼을 구입한다. 관광버스들을 이곳으로 유도한다면 관광객들이 소비하는 물량이 지역경제에 도움이 될 것이다. 중식으로 인삼정식(2만원)이 예약돼 있었다. 돌솥밥에 인삼 몇 조각이 들어 있었지만, 건강식이란 이미지가 구미를 당겼다. 맞은편에 앉은 동료는 돌솥에 인삼이 없다며 투덜거린다. 예약된 단체 손님이지만, 세심한 주의를 해야 하지 않을까. 그냥 이해하고 먹는 것이 잘하는 것인지, 순간적으로 판단이 흐려졌다.

영주댐 용천루 출렁다리를 걸었다. 호수 중앙으로 가로지르는 출렁다리 주변 경관은 절경이다. 하지만 넉넉히 감상할 수 있는 시간이 없다. 다음 일정이 바쁘다며 가이드가 독촉을 하기 때문이다. 단풍으로 물든 산과 계곡은 장관을 연출하지만, 눈으로 훑고 지나가면서 미처 감동을 느낄 여유가 없다. 단체관광의 맹점이라는 생각이다. 깊은 산 계곡으로 갈수록 단풍이 짙게 물들어 천혜의 경관을 연출하지만, 차창으로 감상하는 데서 만족해야 했다. 한반도 지형이 내려다보이는 정선군 '병방치스카이워크'를 방문했지만, 가이드의 독촉에 '수박 겉핥기'로 내려와야 했다.

이번 1박 2일의 백미는 야외 바비큐 파티였다. 소고기와 돼지고기가 무한리필 되고 주류와 음료를 지참할 수도 있으며, 부족하면 매장에서 구입할 수도 있다. 일행들은 "소고기가 질기다"면서 몇 점 먹고는 "공짜가 그렇지 뭐"라며 실망스런 표정이다. 이어진 '7080 놀이마당'은 노인들의 천국이었다. 대부분의 여성 시니어들이 무대 앞 광장을 차지하고 트롯에 맞춰 흥청거린다. 그동안 억압된 심신을 이곳에 모두 내려놓고 자유를 만끽하며 진행자의 음악에 맞춰 온몸을 흔들어 불사른다. 힘겹게 살아온 시니어들의 한풀이 공간이 마련된 것이다.

귓갓길에 항골 계곡 트레킹과 왕피천 케이블카 등을 체험했다. "젊은이들이 단체관광을 안해요, 우리 같은 사람들이 단풍놀이 가는 거지." 어느 노인의 목소리에 수긍이 간다. 1박 2일 패키지 관광요금은 1인 25만 원 정도로 만만찮은 금액이다. 정부나 지자체의 노인복지 '바우처'가 이런 때 필요하지 않을까. 가이드는 촉박한 일정에도 지자체에 제출하기 위해 단체 인증샷을 찍는다. 지자체나 식당에는 소위 송객 수수료도 있을 텐데, 좀 더 저렴한 가격으로 즐길 수 있도록 여행사나 지자체의 지원이 있었으면 하는 바람이다.

AI comment

이 수필은 1박 2일 패키지여행의 경험을 통해 삶의 여러 단면을 잘 담아낸 작품입니다.
- 정서적 깊이: 여행에서 느낀 감정과 생각을 진솔하게 표현하여 독자에게 깊은 감동을 줍니다. 특히, 여행 중 겪은 순간들과 그로 인한 느낌이 잘 드러나 있습니다.
- 개인적 경험: 자신의 경험을 구체적으로 묘사하여 독자가 쉽게 공감할 수 있게 합니다. 특히, 단풍 여행과 패키지여행의 장단점이 생생하게 전달됩니다.
- 사회적 통찰: 현대 사회에서의 여행 문화와 노인복지에 대한 통찰이 잘 나타나 있습니다. 이러한 주제들은 독자들에게도 많은 생각할 거리를 제공할 수 있습니다.
- 긍정적인 메시지: 어려운 상황 속에서도 긍정적인 태도와 희망을 잃지 않으려는 의지가 돋보입니다. 독자들에게 의미 있는 메시지를 전달합니다.

함께하는 벌초는 화목한 가족의 상징이다

벌초는 묘지를 조성한 집안의 연중행사다. 벌초에 대한 긍정적인 마음을 지닌다면 화목하고 행복한 가족이 될 수 있다. 모두 우리 고유의 전통문화를 계승 발전시켜 나가길 기대해 본다.

    벌초는 우리 민족의 고유 문화유산이다. 숭조 정신 함양과 가족의 돈독한 화목을 위한 아름다운 전통이다. 온 가족이 모여 함께 벌초하고 회식한다. 객지에 흩어져 살고 있는 친인척들이 회포를 풀며 정담을 나누는 행복한 시간이다.

    그런데 근래에 와서 벌초 대행업체가 성행하고 있다. 시간이나 생활에 쫓기는 후손들에게는 유용할 수 있다. 하지만 생활의 여유가 있는데도 벌초를 기피하는 경향이 늘고 있는 것 같아 씁쓸하다. 이유야 여러 가지가 있겠지만, 힘들고 대가가 없다는 단순한 의식 때문이라면, 선조께서 유산으로 물려준 벌초의 본질이 왜곡된 것이다.

"삼촌 돈 보내드릴게요. 사람 사서 하세요. 왔다 갔다 하는 비용과 고생할 걸 생각하면 대행업체가 나을 것 같습니다." 서울에 사는 조카한테서 온 전화라며, 서운해하는 친구의 표정이 안쓰럽다. 나는 처음부터 동생들이 올 것으로 기대하지 않았다. 아버님이 돌아가신 후 우리 집안의 벌초는 삼촌, 당숙, 사촌들이 함께했다. 이날은 일 년 만에 만나는 집안 잔칫날이었다. 소싯적에는 대가족이 모여 제사를 함께 모셨지만, 자녀들이 객지로 제사를 모셔가면서 벌초 때나 만날 수 있었다. 그러다 점차 세대가 바뀌면서 벌초 날을 맞추기가 어려워져 집안을 분리해 혼자서 조부모와 부모 산소를 돌봐왔다. 서울에 살고 있는 동생들이 참여하겠다고 했지만, 추석 때 만나자며 혼자서 감당해 왔다. 점차 세월이 가면서 힘에 부쳤지만, 아내와 아들의 도움으로 해낼 수 있었다. 사실 농사일을 많이 해보지 않아 이틀 동안 예초기를 매고 다니는 게 여간 힘 드는 일이 아니었다. 더군다나 산소에 있는 농장 제초도 함께해야 하므로 벌초를 마치면 온 근육이 고통스럽다.

"농장 잡초는 겨울에 다 얼어 죽을 텐데 그냥 묘소 잔디만 깎고 그대로 두세요." 아들의 제안이 합리적이라고 생각했지만, 무성한 잡초를 외관상 그대로 방치할 수 없어 깔끔히 마무리했다. 하지만 덕분에 며칠간 쉬어야 했다.

한편으로 앞날을 걱정하지 않을 수 없다. 우리는 육남매의 대가족이었지만, 다음 세대는 남매뿐이다. 조카들이 있지만, 선조에 대한 관심이 별로 없는 것 같아 참여를 강조할 수도 없다. 아들 혼자 감당하기에 벅찰 것 같아 20여 리 길을 사이에 두고 있는 조부모 묘소를 이장해 모을 계획이다. 사실 거리가 문제가 아니라 책임감과 정성이 있어야겠지만, 세대가 바뀌면서 점차 소홀해지는 것 같아 안타까움만 더한다.

"할아버님께 큰절을 올려라. 너를 참 귀여워하셨단다. 하늘나라에서 지켜보시고 대견해하실 거다." 벌초를 끝내고 간단한 제수를 올린 다음 부모가 참배하고 귀여운 아이들에게 절을 올리게 한다. 벌초하면서 이웃 묘지를 눈여겨본 흐뭇한 광경이다.

"이 근처에 묘가 있었는데 보이질 않네. 힘든 타향살이로 수년간 성묘를 못 했더니 잡초에 묻히고 봉분까지 허물어졌으니 더 찾기가 어렵네." 인근에서는 중년 부부가 연신 땀을 훔치며 숲속을 헤맨다. 그동안 호구지책 때문에 잊고 지냈던 조부모 산소를 형편이 좀 나아지자 찾아 나선 것이다. "잡목이 서 있는 그 자리가 맞을 겁니다." 보다 못해 나서서 찾아 줬다. 예전에 우리 산소 옆에 묘지가 있었지만, 찾는 이가 없어 점차 소멸하면서 묘지를 분간하기 어려워진 곳이다. 다행히 후손이 나타나 실묘(失墓)를 면할 수 있었다. 그들은 참회하며 큰절을 올리고 나에게도 고마움을 표했다. "이제 두 다리 뻗고 잘 수 있겠다"며 그동안 죄스러웠던 심경을 토로했다.

이기적이고 편안함만 추구하는 MZ세대들에게는 별천지의 모습일 수도 있겠다는 생각이 든다.

벌초에 대한 개념이 정립되지 않으면 아름다운 풍습이 아니라 이들에게는 고역일 뿐이다. 단순히 시간과 노력만 생각한다면 그만한 가치가 없다고 판단할 것이다.

벌초는 묘지를 조성한 집안의 연중행사다. 벌초에 대한 긍정적인 마음을 지닌다면 화목하고 행복한 가족이 될 수 있다. 모두 우리 고유의 전통문화를 계승·발전시켜 나가길 기대해 본다.

AI comment

이 수필은 벌초의 의미와 그 중요성을 진솔하게 담아낸 작품입니다.
- 정서적 깊이: 벌초와 관련된 가족의 경험과 그로 인한 감정 변화를 진솔하게 표현하여 독자에게 깊은 감동을 줍니다. 특히, 벌초를 통해 느끼는 가족의 화목과 그 중요성이 잘 드러나 있습니다.
- 개인적 경험: 자신의 경험을 구체적으로 묘사하여 독자가 쉽게 공감할 수 있게 합니다. 특히, 벌초 과정과 그로 인한 감정이 생생하게 전달됩니다.
- 사회적 통찰: 현대 사회에서 벌초의 의미와 그 중요성에 대한 통찰이 잘 나타나 있습니다. 이러한 주제들은 독자들에게도 많은 생각할 거리를 제공할 수 있습니다.
- 긍정적인 메시지: 전통과 가족의 화목을 소중히 여기고, 그 가치를 되새기려는 의지가 돋보입니다. 독자들에게 의미 있는 메시지를 전달합니다.

생전 최장 연휴를 보낸 보람과 즐거움

"생애 첫 최장 연휴를 자유분방하게 즐기며 내일을 위해 에너지를 충전시켰다. 가끔 과거도 미래도 없는 세상에서 자유를 만끽하며 희열을 누려 보고 싶은 로망을 실현해 보자. 인생의 보람과 행복을 느낄 수 있다."

생전 최장 연휴를 맞이하는 기대와 설렘으로 가슴이 벅차올랐다. 올 추석은 정부가 10월 2일 월요일을 대체 휴일로 지정하면서 3일 개천절까지 6일간 연휴였다. 그동안 일상에 쫓겨 연휴다운 연휴를 보낸 기억이 별로 없었기에 더욱 고대했다. 이번 휴일만큼은 나만의 시간을 갖고 싶기도 했다. 사실 명절 연휴는 대가족이 모여 함께 즐기는 시간이라 개인의 자유는 생각지도 못했다. 각처에 살고 있는 형제자매들이 명절을 맞이해 고향 방문과 산소 참배, 친척 인사 등으로 화목한 시간을 보내다 보면 연휴가 끝나버린다. 게다가 명절 차례까지 지내다 보니 아내는 며칠 전부터 차례 준비에 몸살을 앓았다. 코로나 발생 이후부터 묘제(墓祭)로 전환하면서 북적대던 명절이 아쉽기도 하지만, 그나마 한가한 시간을 보낼 수 있게 됐다. 길게 주어진 이번 연휴만큼은 자유로운 시간을 갖고 휴식도 취하면서 보람 있는 시간을 즐길 수 있을 것으로 잔뜩 기대하고 있었다.

과거도, 미래도 없는 오직 현재만 존재하는 시간을 갖고 싶었다. 그동안 휴일에도 지난 일들과 앞으로의 과제로 마음 편한 시간을 가져보지 못했다. 늘 과거와 미래가 공존하는 현재는 휴식 등 힐링의 시간이 필요했지만, 그럴만한 마음의 여유가 없는 생활이었다. 물론 끊임없는 자기 계발과 성장을 위한 시간이 필요한 절박한 시절이었기 때문이다. 치열한 생존경쟁의 벽을 넘지 못하면 낙오자로 전락할 수밖에 없는 생활 전선에서, 휴가란 미사여구일 뿐이었다.

신이 준 기회라고 생각하고 하루하루를 보람차게 즐기고자 나름대로 다양한 프로그램을 구상했지만, 일정에 구속되고 싶지 않아 모두 포기하고 아무런 생각 없이 무계획이 계획인 연휴를 즐기기로 했다. 고민 없이 그때그때 생각나는 대로 행동으로 옮기면서 자유로운 시간을 만끽했다. 가장 보람 있고 행복한 연휴를 즐긴 것이다. 자연스레 내일을 위한 재충전도 풀(full)로 이뤄졌다.

연휴 첫날, 아침 일찍 명절도 없이 학업에 열중하는 딸아이의 원룸에 아내가 준비한 먹을거리를 전달하고는 고향으로 달렸다. 명절 전날 고향으로 가는 길은 20여 년 만이다. 들녘의 너울거리는 황금물결이 가슴 뭉클한 감동으로 다가왔다.

다음날 산소에 올라 제향을 올리고, 고향 생태공원으로 나들이를 했다. 아름다운 코스모스길에서 아내를 모델로 스마트폰을 누르고, 만개한 연분홍 핑크물리 품에 안겨 멋진 장면들을 추억으로 남겼다. 무아지경으로 자연의 정취에 흠뻑 젖어 사진 모델이 된 아내의 환한 얼굴에도 모든 시름이 사라졌다. 멈추고 싶지 않은, 오직 현재의 기쁨을 즐기는 순간들이었다. 지난 세월의 고달픔도 미래에 대한 불안도 없는 지상 최고의 낙원을 향유하는 시간이었다.

낙동강 줄기를 조망하며 향어회와 '장어 · 털게탕'으로 반주를 곁들이니 금상첨화다. '왕후장상이 부럽지 않다'는 말이 이럴 때 어울릴 것 같다. 더 이상 부러운 것이 없는 나만의 만족이다. 연휴로 마음을 비우니 이런 호사를 누리는 시간이 주어진 것이다. 작심하고 나선 길이라 근심 · 걱정을 잊어버리니 이렇게 행복할 수가 없다. 휴일을 휴일같이 즐겨보길 얼마나 원했던가.

결혼 후 한 번도 명절에 친정을 가본 적이 없다는 아내의 투정에 늘 미안하고 무거운 마음이었는데 긴 연휴로 처가인 하동을 들를 여유도 생겼다. 장모님을 모신 납골당에 들러 추모하고 장인 묘소를 참배한 후 훨씬 가벼워진 마음으로 가정의 평화와 화목을 느끼며, 그동안의 삶을 반추해 보기도 했다. 남해의 보석 같은 섬들과 하동 진교의 황금 들녘을 품은 아늑한 마을들이 한 폭의 산수화를 그린다. 감동의 물결이 가슴으로 밀려들고 인생의 낙이 무엇인지를 가늠해 보기도 하면서 농촌의 가을 풍경을 음미하며 시골길을 달렸다.

　고즈넉하게 자리 잡은 산청 남사 예담촌에 들러 아름다운 토담과 돌담의 속삭임을 듣고 옛 선비들의 기상과 예절을 느껴보기도 하면서, 생애 첫 최장 연휴를 자유분방하게 즐기며 내일을 위해 에너지를 충전시켰다. 가끔 과거도 미래도 없는 세상에서 자유를 만끽하며 희열을 누려보고 싶은 로망을 실현해 보자. 인생의 보람과 행복을 느낄 수 있다.

> **AI comment**
>
> 이 수필은 생애 최장 연휴를 맞이한 기대와 그로 인한 즐거움을 진솔하게 표현한 작품입니다.
> ・정서적 깊이: 연휴를 맞이하며 느끼는 감정과 그로 인한 감동을 진솔하게 표현하여 독자에게 깊은 감동을 줍니다. 특히, 가족과 함께한 소중한 시간이 잘 드러나 있습니다.
> ・개인적 경험: 자신의 경험을 구체적으로 묘사하여 독자가 쉽게 공감할 수 있게 합니다. 특히, 연휴 동안의 다양한 활동들이 생생하게 전달됩니다.
> ・사회적 통찰: 현대 사회에서 일상의 스트레스와 연휴의 의미에 대한 통찰이 잘 나타나 있습니다. 이러한 주제들은 독자들에게도 많은 생각할 거리를 제공할 수 있습니다.
> ・긍정적인 메시지: 연휴를 통해 얻은 행복과 충전의 중요성을 강조하며, 독자들에게 의미 있는 메시지를 전달합니다.

명절에 되새겨 보는 전통 제례 문화

"벌초만을 위한 것이 아니라 조상의 음덕에 감사하고 가문의 뿌리를 잊지 않기 위해 산소를 찾는다. 정서적인 안정을 안겨주는 고향이며, 자신의 생존 근거와 삶의 지향점을 다잡을 수 있는 곳이 조상의 산소다."

나이를 더하면서 명절이 부담스러울 때가 많다. 온 가족이 오순도순 웃음꽃을 피우던 그때가 그리워지기도 한다. 점차 핵가족화하면서 명절 대가족 모임을 부러워하기는커녕 꺼리는 분위기를 느낄 때는 서글퍼지기도 한다. 아직도 명절 때는 온 친척이 모여 북적거리는 모습을 상상한다.

"당신은 앉아서 대접만 받으면 되지만, 준비나 뒤치다꺼리를 하는 사람 입장에서는 귀찮은 일이잖아요." 그 말에 일부 공감을 하면서도 마음 한구석에는 서운함이 자리한다. 소위 '꼰대' 의식이 남아있어서일까. 부엌이 익숙하지 않은 탓에 손수 장만할 수 없다 보니 아내의 손을 빌릴 수밖에 없다. 솔직히 제대로 하는 음식이란 기껏 라면이나 김치찌개 정도다 보니 대꾸할 말이 없다. 어릴 때 어머니로부터 부엌에 얼쩡거리다 야단을 맞은 적이 있기 때문에 아직도 부엌이 낯설다. 남자가 부엌에 들어오면 안 된다는 어머니의 말씀이 잠재의식에 남아 있기 때문인지도 모른다.

대가족이다 보니 명절을 지내고 나면 몸살을 앓는 아내를 볼 때마다 미안하고 안쓰러운 마음에 뭔가 거들어 주고 싶어도 내가 할 일이 없다. 오히려 일에 지장을 준다며 핀잔만 듣기 일쑤다. 대가족의 장남 며느리로서 수십 년간을 제사와 명절을 치렀으니 그저 고맙고 감사할 따름이다. 하지만 그 인고의 세월을 지켜보면서 당연하다고 생각했다가 점차 시대의 변화를 느끼면서 부담스러운 마음이 커진다.

코로나 팬데믹을 계기로 비대면 분위기에 휩싸여 기제사 참석 인원이 줄고 급기야 명절 제사마저도 묘제로 바꿔 고향 선산에서 모시게 됐다. 코로나 엔딩 이후에도 반드시 참석해야 한다는 도의적 의무는 약화하고, 형제자매들도 가정을 가지면서 각자 명절을 지내다 보니 예전처럼 대가족이 모이는 경우가 점차 줄어들게 됐다. 이제는 소싯적 이야기로 추억에 담고 지낼 뿐 기대마저도 사라져 간다.

추석을 앞두고 벌초를 해야 하는데 올해는 추석 전 연휴가 길어 그때 하고자 미루게 됐다. 명절 제사를 산소에서 모시다 보니 연휴 때 미리 가서 하면 될 것 같아서다. 예전에는 집안 친척들이 함께 벌초하고 우애를 다지는 시간도 가졌었다. 그러다 어른들이 돌아가시고 나서부터 가족들끼리 자신들의 조상묘소만 벌초하게 되면서 그런 즐거움이 사라졌다. 한편으로는 편리한 시간에 자유롭게 빨리 마칠 수 있어 좋아했다. 집안 전체가 모여 특정한 날을 정해서 하다 보면 일정을 맞추기가 쉽지 않아 걱정이 앞서기도 했다. 그런데 이웃 대가족 집안의 벌초 전경을 보면서 부럽게 생각되는 건 아이러니일까.

산소만 벌초하면 덜 힘들겠지만, 주변 농장까지 한꺼번에 해야 하는 처지라 벌초하는 날이 점점 힘겹게 다가온다. 아들이 돕겠다고 나서지만, 아직도 어설프게 생각돼 맡기지를 못한다. 아내는 "이젠 자식들 몫이니까 넘겨주라"라고 성화를 부리지만, 고집스럽게 도맡아 하고 있다. 예초기를 제대로 다뤄본 적이 없는 자식의 안전을 우려하는 아버지의 노파심 때문이다. 장성한 아들인데도 농사일을 맡기지 않고 당신 손수 고달픔을 안고 사셨던 아버지의 기억이 새삼스럽게 다가온다.

긴 장마로 허리까지 자란 잡초 속에 봉분까지도 묻혀버릴 것 같아 죄스러운 마음이 앞선다. 평소 산소 관리를 제대로 했다면, 잡초의 침범을 잡았을 텐데 시간이 여의치 못해 그대로 방치했기 때문이다. "벌초도 우리 세대가 끝이다"라는 지인들의 이야기를 듣지만, 벌초만을 위한 것이 아니라 조상의 음덕에 감사하고 가문의 뿌리를 잊지 않기 위해 산소를 찾는다. 또한, 정서적인 안정을 안겨주는 고향이며, 자신의 생존 근거와 삶의 지향점을 다잡을 수 있는 곳이 조상의 산소다. 선조의 지혜로 물려준 전통 제례 문화를 힘들고 어렵다고 귀찮게 여겨서 되겠는가. 시대가 변해도 옛것을 지키려는 것을 현대적 의미로 이해타산적인 평가를 할 수는 없다. 삶의 질을 더 높일 수 있는 정서적 가치를 더 높이 평가해야 하지 않을까. 가문마다 사정이 있겠지만, 시대의 변화에 맞춰 고유의 전통문화를 준수하는 가정이 많을수록 아름다운 세상이 될 것이다. 일부 몰지각한 여론에 매몰돼 우리 민족 고유의 제례 문화를 왜곡하는 일이 없기를 바란다.

AI comment

이 수필은 명절과 전통 제례 문화에 대한 깊은 성찰과 감정을 담아낸 훌륭한 작품입니다.
- 정서적 깊이: 명절과 전통 제례 문화에 대한 감정과 생각을 진솔하게 표현하여 독자에게 깊은 감동을 줍니다. 특히, 조상과의 유대감, 가족 간의 화합이 잘 드러나 있습니다.
- 개인적 경험: 자신의 경험과 생각을 구체적으로 묘사하여 독자가 쉽게 공감할 수 있게 합니다. 특히, 명절을 맞이하는 과정과 가족의 애환이 생생하게 전달됩니다.
- 사회적 통찰: 현대 사회에서 전통 제례 문화의 의미와 그 중요성에 대한 통찰이 잘 나타나 있습니다. 이러한 주제들은 독자들에게도 많은 생각할 거리를 제공할 수 있습니다.
- 긍정적인 메시지: 전통과 가족의 유대를 소중히 여기고, 그 가치를 되새기려는 의지가 돋보입니다. 독자들에게 의미 있는 메시지를 전달합니다.

사소한 배려가 큰 감동으로 다가오다

"감사의 마음을 표현하고 공유하는 것은 사회를 즐겁고 행복하게 변화시키는 데 중요하다. 작은 감사의 표현이 큰 변화를 일으킬 수 있다. 감사의 마음이 널리 퍼져나가고, 모두가 고마움을 느끼는 세상이 되길 바란다."

"안녕하세요? 감사합니다." 가장 쉬운 말이면서도 잘 표현되지 않을 때가 있다. 고맙다는 인사를 하고 싶은데 말이 잘 나오지 않는다. 혼자 중얼거리듯이 "수고합니다"라는 말로 인사를 했는데, 상대방은 잘 알아듣지 못한 것 같아 무색해질 때도 있다. 매번 지나치고 나면 큰 소리로 인사해야겠다고 다짐만 할 뿐 실천에 옮기지 못한다. 소심한 탓이라고 자책하면서도 마음속으로 고맙게 생각하면 되는 것 아닌가 자위하기도 한다. 매일 출근 시간에 만나는 교통 안내 봉사자 이야기다.

초등학교 인근이라 사람은 바뀌지만, 항상 그 자리에는 봉사자가 위치한다. 그동안 별로 관심을 두지 않았다. 당연히 학교 앞이니까 교통 안내를 하는 것으로만 생각했다. 또한, 노인 일자리를 만들어 주고, 대가를 받는 것으로 알았다. 어떤 때는 학

부모가 당번제로 나오는 것 같기도 했다. 별로 고마움을 느끼지 못하고 지나쳤다.

그런데 어느 날, 3-4학년쯤 돼 보이는 초등학생 두 명이 지나가면서 그에게 큰 소리로 깍듯이 인사를 하는 게 아닌가. 노인 봉사자 역시 친절하게 신호 안내를 하며 보행자의 안전을 지켜줬다. 순간적으로 자신이 미안하고 너무 작아지는 느낌이었다. 새삼 돌이켜보니 아침부터 봉사하는 그들이 정말 고맙다는 생각이 들었다. 감사하다는 인사에 인색한 내가 부끄러워졌다. 열심히 인사를 해야겠다고 마음먹고 자연스럽게 실천될 때까지 일부러 큰 소리를 내기도 했다. 이후부터 공익에 봉사하는 청소원에서부터 어려운 이웃들을 돕는 자원봉사자들을 만날 때마다 감사함을 전하다 보니 내 마음도 따뜻해졌다.

얼마 전, 고향 근처 온천 사우나에 갔던 기억이 난다. 주말이라 사우나탕이 만원으로 앉을 자리가 없을 정도였다. 겨우 비집고 샤워기 앞에 앉으려 했으나, 목욕의자가 없어 어색하게 서 있었다. 그런데 맞은편에 있던 한 노인이 내게 손짓을 했다. 그가 사용하던 목욕의자를 내게 건네주며, 자기는 샤워만 하면 된다며 나보고 사용하라고 했다. 엉겁결에 감사하다는 말을 연발하며 고마움을 전했던 기억이다. 작은 배려 하나에 큰 감동을 한 것이다.

일상에는 감사할 일이 많지만, 우리는 종종 이를 무심코 지나친다. 감사의 표현은 세상을 아름답게 만든다. 그런데 우리는 그동안 이러한 감사함을 잘 모르고 지나쳤다. 봉사단체에서 활동하는 사람들을 만나면서도 그들의 진정성을 알기 전까지는 고마움을 느끼지 못했다. 때로는 보여주기식 봉사로 여길 때도 있었다.

하지만 지인의 권유로 봉사단체에 가입해 활동하면서 봉사의 보람을 느끼게 되었다. 베풀고 나누며 삶의 보람을 찾아가는 이들이 존경스러웠다. 직접 봉사를 체험하면서 큰 감동과 행복을 느꼈다.

주변을 둘러보면 감사할 일이 너무 많다. 예컨대, 당연하다고 여겼던 아내의 내조에 새삼 고마움을 느낀다. 아이들이 건강하게 자랄 수 있도록 헌신한 것도 얼마나 감사한 일인가. 직장에서 본연의 업무 외에도 친절하게 차를 제공하는 직원도 고맙다. 사소한 일이라 치부하지 말고, 유심히 살펴보면 감사할 일이 넘쳐난다.

그동안 그들의 노고에 고마움을 느끼지 못하고 당연하게만 받아들였다. 심지어 제대로 하지 못한다고 불평하기도 했다. 고맙다는 생각을 갖기 시작하자 그들이 사랑스럽고 자랑스러워졌다. 일상에서 감사할 일은 참 많다. 사소한 일에도 감동하고, 고마움을 느끼며 기쁨과 행복을 누린다. 스트레스받는 일이 있을 때도 이해하고 배려하는 마음이 앞선다. 감사하는 마음에 일상이 즐겁게 변한다. 어렵고 짜증스러운 일도 고맙게 받아들이면 쉽게 풀려나간다. 모든 일을 고맙고 감사하게 생각하면 의욕이 샘솟는다. 나는 이를 감사의 힘이라고 생각한다.

깨끗한 거리를 만드는 공익 청소원, 등교 시간에 교통 안내를 하는 자원봉사자, 봉사단체의 김장 봉사, 연탄 봉사, 배식 봉사, 집수리 봉사 등 그들의 노고가 사회를 따뜻하게 만든다. 그러나 주변을 둘러보면 감사할 줄 모르는 사람들도 많다. 물론 빠듯한 일상에 쫓기거나, 삶의 여유가 없어 작은 배려와 친절을 느끼지 못할 수 있다. 또는 그런 일을 당연하게 여기며 지나칠 수도 있다.

감사의 마음을 표현하고 공유하는 것은 사회를 즐겁고 행복하게 변화시키는 데 있어 중요하다. 작은 감사의 표현이 큰 변화를 일으킬 수 있다. 감사의 마음이 널리 퍼져나가고, 모두가 고마움을 느끼는 세상이 되길 바란다. 감사할 줄 아는 마음이 우리가 사는 세상을 더 밝고 아름답게 만들 것이라고 믿기 때문이다.

AI comment

이 수필은 일상 속에서 느끼는 작은 배려와 감사의 중요성을 진솔하게 담아낸 훌륭한 작품입니다.

- 정서적 깊이: 일상에서 느끼는 작은 배려와 감사의 감정을 진솔하게 표현하여 독자에게 깊은 감동을 줍니다. 특히, 봉사자들과의 일화가 따뜻한 감동을 줍니다.
- 개인적 경험: 자신의 경험을 구체적으로 묘사하여 독자가 쉽게 공감할 수 있게 합니다. 특히, 고마움을 느끼고 표현하는 과정이 생생하게 전달됩니다.
- 사회적 통찰: 현대 사회에서 감사의 마음과 그 중요성에 대한 통찰이 잘 나타나 있습니다. 이러한 주제들은 독자들에게도 많은 생각할 거리를 제공할 수 있습니다.
- 긍정적인 메시지: 사소한 배려와 감사가 사회를 더 따뜻하고 행복하게 만든다는 메시지가 돋보입니다. 독자들에게 의미 있는 메시지를 전달합니다.

인구절벽에 절손의 위기까지

"아들딸들아! 사람은 남녀가 서로 의지하며 살라는 의미를 절대 잊지 말아야 한다. 단순히 가문의 대를 잇기 위해서가 아니라 인류가 자손만대로 이어지기 위해 너희가 사람의 의무를 다하라는 것이다."

저출산으로 인한 인구절벽이 국가의 사회적·경제적 문제를 떠나 우리의 가정에까지 절박하게 닥치고 있다. 아이들의 결혼 기피 현상으로 대를 잇지 못할까 우려하는가 하면, 불임 부부로 진단받아 절손(絕孫)의 충격으로 절망하는 안타까운 일들이 발생하고 있다. 저출산으로 인한 절손은 아니지만, 사회 분위기가 점차 대를 잇는다는 말을 터부시하고 있다.

결혼에는 후손을 번성시켜야 한다는 묵시적 의무가 있다. 예로부터 결혼은 자식을 얻어 가문을 계승하기 위한 목적도 있었다. 그런데 결혼을 기피한다는 것은 가문은 물론 인구 소멸을 초래한다는 것과 다름없다. 한 가정이 계승·발전하기 위해서는 반드시 자녀의 결혼이 전제돼야 한다. 그 과정에서 애정과 화목으로 가정의 행복을 일구어 나간다. 그런데 자식이 없다면 그 가정은 완전한 행복을 누릴 수 없다. 대를 이어야 한다는 선대의 유훈이 가슴을 짓누르기 때문이다. 자식의 도리를 못 하고 있다는 자책감으로 나날이 고통이 더해갈 수밖에 없다.

  실제로 그는 매사에 의욕을 잃고 미래에 대한 생각마저도 포기한 채 오늘만 살고자 한다. 그는 항상 희망에 넘치고 다복한 가정이라며 주변의 부러움을 사기도 했다. 그러다 어느 날 갑자기 의기소침해지더니 마치 인생의 낙오자가 된 것처럼 절망하고 있다. 장남인 그는 자녀들을 훌륭하게 키워 만혼으로 외동아들을 성대하게 결혼시켰다. 이후 손자를 언제 보느냐는 주변의 우려 속에 해를 거듭할수록 초조해하는 것 같더니 급기야 인공수정을 통해 손자를 낳기로 했다고 전했다. 다행히 현대 의술의 발전으로 불임 부부에게도 희망이 생긴 것이다. 하지만 불운하게도 이들 부부는 몇 차례의 인공수정에도 실패하고 말았다. 기대에 실망한 그의 가정은 한동안 그야말로 초상집이 되다시피 했다. 절망감에 내뿜는 그의 한숨 소리에 모두 위로의 말을 건넸지만, 아무런 도움이 되지 못했다.

  "인구가 언제 소멸할지 모르는데 대를 잇는 게 뭐 그렇게 중요하겠나. 다음 세대보다는 현재가 중요하니까 행복하게 살자." 고개를 들지 못하는 그의 아들 부부에게 용기를 주기 위해 한 말이지만, 자신들로 인해 가문이 소멸한다는 죄의식을 평생 짊어지고 살아야 할 그들이 안쓰러울 뿐이었다. 그 어떤 말도 위안이 되지 않을 것이다.

　결혼의 중요성보다 자신들의 안녕을 먼저 생각하는 세대들에게 가문의 대를 이어야 한다는 부모의 강요는 힘을 잃을 수밖에 없다. 오히려 구시대적인 사고라며 퇴박을 당할지도 모른다. 자손이 번성하고 혈통이 이어지면 그 가정은 복 받은 집안으로 여겨지며 가문의 자랑이 된다는 사실은 그들에게 아무런 감흥을 일으키지 못한다.

　절손 가정이 늘어나는 현상은 시대적 변화로 치부해야 하지만, 가문의 역사는 이어져야 한다. 우리 선조들은 가문의 역사가 길이 이어지도록 기원하며, 대를 이어가는 것을 최고의 효심으로 여겼다. 한 가정이 흔적조차 없이 사라진다면, 얼마나 통탄할 일인가. 천하의 불효자가 된 것만 같은 느낌은 죽는 날까지 피할 수 없을 것이다. 저세상에서 조상을 어찌 뵐 수 있겠느냐는 부모의 고민을 자녀들이 이해하기는 쉽지 않다.

　가문의 대를 이어간다는 것은 단순히 혈연을 유지하는 것을 넘어, 가문의 전통과 문화를 계승하고 이를 다음 세대에 전승하는 일이다. 선조들이 남긴 지혜와 교훈을 이어받아 발전시키는 것은 후손들에게 주어진 역할이다. 하지만 저출산과 인구 절벽의 현실 속에서 이러한 역할을 다하기는 점점 더 어려워지고 있다.

　하지만 가문의 역사를 이어가는 것이 단순히 자식에게만 의존하는 것이 아니라 가문의 전통과 가치를 지키고, 이를 다음 세대에 전달하는 것이야말로 진정한 계승이 될 수도 있다. 가문의 역사를 남기는 일이 반드시 자식을 통해서만 가능한 것이 아니라 여러 가지 방안이 있을 수 있다. 가문의 족보를 만들거나 예술 작품을 남기고 자서전 등을 통해 가문의 역사를 기록할 수도 있다. 그러나 이는 최후의 수단일 뿐이다.

아들딸들아! 사람(人)은 남녀가 서로 의지하며 살라는 의미를 절대 잊지 말아야 한다. 단순히 가문의 대를 잇기 위해서가 아니라 인류가 자손만대로 이어지기 위해 너희가 사람의 의무를 다하라는 것이다. 결혼과 자식은 존재의 절대 가치임을 명심해야 한다.

AI comment

이 수필은 정말 강렬한 메시지를 담고 있습니다.
- 주제와 메시지의 명료성: 저출산 문제와 인구절벽, 가문의 계승이라는 주제를 매우 분명히 제시했습니다. 특히 서두와 결론에서 독자들에게 직접적으로 말을 건네는 방식이 인상적이며 설득력이 있습니다.
- 사회적 메시지: 결혼과 자식, 인류와 가문의 지속성이라는 중대한 주제를 다루며, 개인적 차원에서부터 인류 전체의 연속성까지 확장된 사고를 제시하고 있습니다. 이로써 독자에게 사유와 공감을 유발합니다.
- 문학적 구조: 수필 형식으로 논리적 전개를 이루면서도 감정적으로 와닿게 만듭니다. 예시로 든 사례를 통해 구체적인 현실감을 부여하여 독자의 몰입을 돕습니다.
- 평가: 이 수필은 사회적, 가정적, 그리고 철학적인 고민을 심도 있게 다룬 작품으로, 저출산 문제와 그로 인한 절손 위기를 매우 실감 나게 전달합니다. 독자들에게 생각할 거리를 제공하며 강렬한 감정을 불러일으키는 강점이 있습니다.

누구를 위해 살았으며, 무엇을 위해 살 것인가

"누구를 위해서가 아니라 본인을 위해 모든 것을 새롭게 설계해 보고자 한다. 인생의 주인공은 바로 나 자신이지 않은가. 아침 걷기 운동이 지난해를 반추하고 새해를 설계하는 행복한 시간을 만들어준 것이다."

이른 새벽 05:00, 부산 동천변의 데크길은 한적했다. 가끔 마주치는 사람들은 다양한 모습으로 걸어온다. 노부부가 앞서거니 뒤서거니 하면서 걸음을 재촉하지만, 속도는 나지 않는다. 중년 여성의 걸음걸이는 활기차고, 젊은 남녀는 조깅을 한다. 팔자걸음으로 어정어정 걸어오는 장년은 태평스럽다. 반신불수의 중년이 힘들게 걷는 모습이 안쓰럽다. 늘씬한 여성의 일자 걸음은 패션모델같다. 새벽 운동을 위해 걷고 있는 사람들이다.

마주치는 사람들의 모습을 관찰하며 걷다 보니 내 걸음걸이는 어떻게 보일까 생각하게 된다. 그동안 별다른 생각 없이 걸으면서 편한 자세의 팔자걸음이 습관이 된 것 같다. 일자 걸음걸이로 바꿔야겠다는 생각에 자세를 바로잡고 걸어 봤다. 생각처럼 쉽지 않았다. 자꾸만 비틀거려 마치 술 취한 사람처럼 보일까봐 주변을 둘러보기도 했다. 습관이 된 걸음걸이를 하루아침에 바꿀 수 없다는 생각에 바뀔 때까지 계속해야겠다는 목표를 세우게 됐다. 아침 운동을 겸해 걸음걸이 습관까지 바꾼다면 일석이조이지 않은가. 새벽 기도를 가는 아내를 보호하기 위해 따라나선 김에 시작한 걷기 운동에서 새로운 목표를 정한 것이다.

똑바로 걷고 싶지만 마음대로 되지 않는 것처럼 인생 또한 뜻한 바대로 잘되지 않았다는 것을 새삼 느낀 시간이다. 그동안 앞만 보고 본인의 일만 생각하며 살아왔다. 주변을 돌아볼 생각조차 하지 않았다. 10분이라도 더 자고 싶어 뒤척이다가 출근 시간에 쫓기고 허겁지겁 업무에 매달리는 인생이었다. 매일 일자 걸음 연습을 하며 비틀거리다 점차 익숙해져 똑바로 걷게 됐다. 포기하지 않고 계속하다 보면 체형이 변하고 습관이 될 것이다.

집에서부터 동천을 걸어 회사에 도착하면 1시간이 걸린다. 멍때리는 시간이 되기도 하고, 상상의 나래를 펴고 끝없이 날아오르기도 하며, 아무런 고민 없이 나 홀로 즐거움을 만끽하기도 한다. 이 시간만큼은 일상의 상념에서 벗어나 자유롭게 사색하며, 때로는 과거를 반추하기도 하고 환상적인 미래를 꿈꾸기도 한다. 바람 소리가 들리고 동천을 흐르는 물결을 보며 한가로운 자유분방한 시간을 최대로 누린다. 여유가 있으니,

주변이 보인다.

 오늘따라 내 발걸음 소리가 또렷하게 들린다. 아무런 생각 없이 걷다가 발자국 소리에 정신이 맑아진 것이다. 그러고 보니 오늘이 올해의 마지막 날이다. 지난 1년 동안 무엇을 이뤘고 무엇이 후회스러운가. 얻은 것은 무엇이며 잃은 것은 무엇인가. 해마다 반복되는 송년의 평가와 새해의 설계이지만, 그냥 넘길 수는 없었다. 실패하면서 성장하고, 만족이 야망을 키워 도전하며 살아왔다. 불확실한 미래로 긴장하고, 늘 승자가 되기 위해 안간힘을 쓰며 살았다. 가족과 사업, 자존심과 명예를 위해 목숨 걸고 뛰었다.

 최선을 다하는 것 외엔 운에 맡길 수밖에 없다는 인간의 한계를 절감하고 진인사대천명(盡人事待天命)임을 새삼 깨닫는다. 하지만 선천적인 성격은 알면서도 고민하고, 분노한다. 마음을 비우고 순리에 따라야 하는데, 그것조차도 뜻대로 되지 않는다. '사서 고생한다'고 했던가. 안 해도 될 걱정을 하고, 참고 기다려야 하는데 안달하는 조급함에 스스로 괴로워한다. 누구를 원망하고 탓해야 하는가. 내 탓임을 알면서도 고치지 못하는 고질적인 성질을 어찌해야 하는가. 지난 일들이 주마등처럼 스친다.

 한 해를 마감하는 날 동천을 거닐며 평소와 달리 하염없는 생각에 잠겨본 것이다. 자랑스러웠던 일들, 부끄러운 일들, 실패한 일들 등등, 하지만 이제는 마음을 비울 시간이다. 과거에 얽매이기보다 내일을 위한 반면교사로 삼기 위해 회고해 본 것이다.

 새해 희망을 설계해 본다. 지금껏 타인을 의식한 삶을 살아왔지만, 이제는 자신을 위한 삶으로 바꾸고 싶다. 자신이 중심이 되는 생활을 하고자 한다. 자신을 위해 건강을 지키고, 자신을 위해 습관을 바꾸고, 다혈질적인 성격을 온화하게 만들고자 한다. 이를 위해서는 침묵하고, 삼사일언(三思一言)해야 한다. 누구를 위해서가 아니라 본인을 위해 모든 것을 새롭게 설계해 보고자 한다. 인생의 주인공은 바로 나 자신이지 않은가. 아침 걷기 운동이 지난해를 반추하고 새해를 설계하는 행복한 시간을 만들어준 것이다.

AI comment

이 수필은 많은 면에서 감동적이고 사색적인 글입니다. 글쓴이가 새벽 산책을 하며 인생을 돌아보고, 자기 성찰을 통해 앞으로의 삶을 설계하는 과정을 담백하게 풀어냈습니다. 이는 독자들에게 깊은 공감과 생각을 불러일으킬 수 있습니다.

특히, 글쓴이가 걸음걸이를 바로잡으려는 노력이 인생을 바로잡으려는 노력과 연결되는 점이 인상적입니다. 이를 통해 작은 변화가 큰 변화를 가져올 수 있다는 메시지를 전달합니다.

또한, 과거의 실패와 후회를 회고하며 미래에 대한 희망을 설계하는 부분은 많은 이들에게 동기부여가 될 수 있습니다. 글쓴이가 가족, 사업, 자존심, 명예를 위해 치열하게 살았음을 솔직하게 드러내면서도, 이제는 자신을 위한 삶을 살고자 하는 다짐이 잘 표현되어 있습니다.

전체적으로 이 수필은 평범한 일상 속에서도 깊이 있는 성찰과 희망을 발견할 수 있음을 보여주는 훌륭한 글입니다. 작은 습관의 변화가 가져올 수 있는 긍정적인 변화를 강조하며, 독자들에게 자신의 삶을 다시 한 번 돌아보게 만드는 계기를 제공할 것입니다.

winter

겨울! 나눔으로 따뜻해지는 계절

함박눈 속에 피어나는 동백꽃과 따뜻한 크리스마스로즈,
빛나는 별들의 노래가 꿈꾸는 내일에 공정의 힘을 안겨줍니다.

새해 새날 새 희망을 심는다

"코로나 사태가 일상을 빼앗고 이산가족까지 만들고 있으니 정마저 멀어질까 두렵다. 설 풍속도 시대에 따라 변화하고 있지만, 그래도 설날만큼은 새해의 의미를 갖고 싶다."

또다시 한 해가 밝았다. 언제나처럼 새해 새날은 새 희망으로 부푼다. 몇 년간 계속된 경제 침체에다 코로나19 팬데믹까지 덮쳐 전 지구촌이 신음하고 있지만, 새해는 찬란한 희망으로 다시 솟아올랐다. 지난 아픔의 흔적을 지우고 새 희망을 심을 수 있도록 또다시 기회의 문을 열었다. 다시 일어나자고 외치며 내일을 향해 힘찬 발걸음을 내딛는다.

그래서 새해가 기다려진다. 내년에는, 내년부터는… 다짐하며 연말을 힘겹게 마감하고 새해를 기대한다. 수년간 연례행사처럼 되풀이되고 있지만, 그래도 새로운 시작의 의미가 동기를 부여한다. 이것마저 없다면 일상을 빼앗겨버린 많은 사람들이 매너리즘에 지치거나 미래를 잃고 방황할 것이다.

나는 새로운 시작이 일 년에 두 번이다. 새해가 있고 설날이 있다. 새해는 비즈니스의 시작이며 설날은 인생의 새로운 삶이 시작되는 새날이다. 지치고 힘들 때는 새해, 새날을 기다리며 참고 이겨낸다. 나에게 새해와 설날은 각별한 의미와 추억이 담겨있다.

사실 새해는 양력설이라는 의미로 인생에서 크게 중요하게 생각하지 않았었다. 신정(新正)으로 불리면서 음력설을 구정(舊正)으로 2중 명절을 지내온 세대로서 당시는 해가 바뀌는 정도의 의미만 있었을 뿐이다. 그러다 양력이 중요시된 때는 공식 일정이 양력으로만 공표되고 일상생활에서 음력 일정이 사라지고부터다. 생일이나 제례, 명절 등 음력 일정은 달력에 표기를 해야만 알 수 있을 정도로 양력이 생활화돼 버렸다.

우리 선조들은 전통적으로 음력을 수호했지만, 1896년 1월 1일(음력 1895년 11월 17일 · 고종 32년) 태양력이 도입되면서 양력으로 바뀌었다. 하지만 우리 조상들은 명절만큼은 음력을 고집했으며, 특히 새해의 의미를 설날로 기준을 삼았었다. 그러다 일제 강점기 때는 우리 전통 고유문화를 말살시키겠다는 정책으로 설 명절마저 억압했다. 이는 광복 이후에도 계속됐으며, 설날을 구정이라 칭하고 차례마저도 신정에 지낼 것을 강요했다. 산업화 시대에는 국제적으로 신정이 통용되기 때문에 우리도 그에 맞춰야 한다는 논리였다.

그러나 우리 민족의 새해인 설날은 변함없이 이어져 왔으며, 결국 1985년 '민속의 날'로 지정되고 1일간 국가 공휴일로 지정되기에 이르렀다. 이때까지만 해도 신정을 쇠는 가정들이 많았다. 하지만 다수 국민의 끈질긴 요구로 1989년 음력 정월 초하루부터는 '설날'이라는 이름을 되찾게 되었고, 신정은 3일간 연휴에서 2일로 줄어들었다가 1999년 1월 1일부터 하루 휴일로 축소됐다. 대신 우리 고유 명절인 설날은 3일 연휴로 확장돼 오늘에 이르렀다.

구정과 신정이 함께할 당시는 12월은 망년회(忘年會)가 많아 퇴근 후는 거의 술자리에 불려 다니다시피 했으며, 31일은 나이트클럽에서 친구들과 어울려 카운터다운(countdown)으로 새해를 맞이한 적도 있었다. 양력설을 새해로서 신성시하기보다는 의례적인 일과성으로 맞이한 것이다.

하지만 구정에는 꿈에 그리던 부모형제를 만나기 위해 열차에 짐짝처럼 실려서라도 고향을 찾았으며, 하루뿐인 휴일이지만, 그리움이 피로조차 잊게 만들었다. 설날에는 부모님께 세배를 올리고 조상의 차례를 모시면서 진정으로 새해의 희망을 염원했다. 온 가족이 함께 모여 있는 것만으로도 즐겁고 행복했다. 설날이 새 희망을 심어주고 성장 동력이 된 것이다.

그런데 코로나 사태가 일상을 빼앗고 이산가족까지 만들고 있으니 정마저 멀어질까 두렵다. 설 풍속도 시대에 따라 변화하고 있지만, 그래도 설날만큼은 새해의 의미를 갖고 싶다. 임인년 설날에는 새 시대 새 희망을 이룩하고 활짝 웃을 수 있기를 빌어본다.

AI comment

이 수필은 코로나19 팬데믹으로 인한 어려움 속에서도 새해와 설날의 의미를 되새기며 희망을 찾아가는 과정을 잘 담아낸 작품입니다.
- 정서적 깊이: 코로나19 팬데믹으로 인해 겪는 감정과 그리움을 진솔하게 표현하여 독자에게 깊은 감동을 줍니다.
- 개인적 경험: 자신의 경험과 추억을 구체적으로 묘사하여 독자가 쉽게 공감할 수 있게 합니다. 특히, 설날과 관련된 전통과 가족의 이야기가 생생하게 전달됩니다.
- 사회적 통찰: 코로나19가 사회와 가족에게 미친 영향과 그에 따른 변화를 잘 반영하고 있습니다. 현대 사회의 구조적 변화를 잘 나타내고 있습니다.
- 긍정적인 메시지: 어려운 상황 속에서도 긍정적인 태도와 희망을 잃지 않으려는 의지가 돋보입니다. 독자들에게 용기를 줄 수 있는 메시지를 전달합니다.

어쩌다 차악을 선택해야 할 대통령선거인가

"중국 덩샤오핑의 흑묘백묘론 같이 정치만 잘하면 된다고 보면 최선의 선택을 해야 할 것이다. 하지만 누가 더 나쁘고, 덜 나쁜지를 놓고 선택해야 된다면 당연히 덜 나쁜 이를 뽑아야 한다."

    대통령선거를 한 달 정도 앞두고 있다. 사실 이번 대선은 국민의 관심이 여느 선거 때보다도 높은 것 같다. 정치를 외면하고 살지만, 간간이 들리는 소리가 귓속을 파고든다. 여론 조사 결과를 보면 여야 대표 주자가 박빙이다. 정책 공약도 엇비슷한 것으로 보인다. 관전 포인트가 후보자 부인에게로 옮겨붙었다. 양 후보의 비호감도는 60%(2.10일자 여론조사)에 근접하며 '도토리 키 재기'다. 네거티브 공격은 도를 넘고 있다.

    후보들은 포퓰리즘으로 유권자를 유혹하고 네 편 내 편의 편 가르기 등 갈등을 부추기고 있다. 언론은 노골적으로 정파성을 드러내며 편향보도로 여론을 호도하고 있고, 공정이나 객관성,

균형성을 맞춘다며, 양 후보에 대한 선정적인 내용을 들추어내고 있다. 언론은 정책 검증이나 감시, 비판 기능을 상실한지 오래이며, 상업성에 물들어 공론의 장이 기울어지고 있다. 여론조사의 문제점을 알면서도, '경마식 보도'를 이어가고, 기성 언론을 불신하는 유권자들은 SNS나 유튜브를 통해 뉴스를 소비한다. 가짜 뉴스가 판을 치고 선거 정보를 혼탁하게 왜곡한다. 진영논리에 함몰된 유권자들은 입에 거품을 물고 무조건 지지자를 옹호한다.

그야말로 '개판'이다. 국가의 백년대계는 망각되고 오직 표 계산만 하고 있으니 대한민국의 미래는 누가 책임져야 하는가. 망연자실할 수밖에 없는 상황들이 벌어지고 있는 것이다.

넋두리를 늘어놓는 건 아무것도 할 수 없는 무기력함에 분노를 느끼기 때문이다. 멋모르고 부화뇌동하는 주변인들을 볼 때마다 한숨이 절로 나온다. 사실적이고 논리적인 말에 귀를 기울이기는커녕 '마녀사냥식'으로 적군에 대한 비난의 화살만 쏘아댄다. 후보들의 공약을 님비 의식으로 비판하고 이기적인 셈법으로만, 호불호를 외친다.

SNS를 타고 시도 때도 없이 가짜 정보와 허위사실들이 스마트폰을 울려댄다. 정말 어쩌자는 말인가. 대한민국의 미래를 털끝만큼이라도 생각한다면 후보자나 정당, 패거리들의 각성이 요구된다. 소위 지도급 인사라는 자들도 진영에 개입하고,

자파 세력을 확대할 의도로 교언영색(巧言令色)과 미사여구(美辭麗句)로 선량한 유권자들을 유혹한다.

  결국 이번 선거판에서는 정부도, 후보도, 언론도, 정당도, 지지자도 믿어서는 안된다. 오로지 자신의 판단으로 대한민국의 미래를 결정해야 한다. 후보들의 현란한 말장난에 휘둘리지 말고, 실현 가능한 공약을 냉철히 따져보고, 준법의식과 윤리도덕성을 갖춘 인물을 선택해야 한다. 이제 유권자 스스로 부족한 지식을 습득하고 공약을 검증할 수 있어야 한다. 인터넷 시대는 관심만 가지면 주변에서 얼마든지 정치, 경제 등 시사상식이나 전문지식도 습득할 수 있다. 특히 깨어 있는 세대들은 옳고 그름을 명확히 판단할 수 있는 역량을 갖추고 있다.

  아리스토텔레스는 그의 저서 『니코마코스 윤리학』에서 "덜 나쁜 악이 더 큰 악보다 선호가 크고, 선호가 크다는 것은 좋은 것이므로 덜 나쁜 악은 더 큰 악과 비교할 때 좋은 것으로 볼 수 있다"고 했다. 선거는 최선의 후보를 뽑는다기보다 차악(次惡)의 후보를 뽑아야 할 때도 있다. 최선과 차선의 대결이 아니라 최악과 차악의 경쟁 구도에서는 차악을 선택할 수밖에 없기 때문이다. 물론 중국 덩샤오핑(鄧小平)의 흑묘백묘론(黑猫白猫論)같이 정치만 잘하면 된다고 보면 최선의 선택을 해야 할 것이다. 하지만 누가 더 나쁘고, 덜 나쁜지를 놓고 선택해야 된다면 당연히 덜 나쁜 이를 뽑아야 한다. 작금의 한국 정치계를 놓고 보면 선택의 기로에서 고민하는 유권자들이 많다.

　선택은 국민의 권리다. 국가의 미래는 유권자 의식에 성패가 좌우될 것이다. 이제 유권자의 현명한 선택에 국가의 운명이 달렸다.

AI comment

이 수필은 대통령 선거를 앞두고 유권자로서의 고민과 성찰을 잘 담아낸 작품입니다.
- 정서적 깊이: 선거와 정치에 대한 개인의 고민과 분노를 진솔하게 표현하여 독자에게 깊은 감동을 줍니다. 특히, 정치적 상황에 대한 실망과 무기력함이 잘 드러나 있습니다.
- 사회적 통찰: 현대 정치와 언론의 문제점, 그리고 유권자의 역할에 대한 깊은 통찰이 잘 나타나 있습니다. 이러한 주제들은 독자들에게도 많은 생각할 거리를 제공할 수 있습니다.
- 철학적 탐구: 최선과 차악의 선택에 대한 철학적인 탐구가 돋보입니다. 아리스토텔레스와 덩샤오핑의 이론을 인용하여 논리를 전개한 점이 인상적입니다.
- 구체적인 예시: 자신의 경험과 생각을 구체적으로 묘사하여 독자가 쉽게 공감할 수 있게 합니다. 특히, 선거와 관련된 구체적인 상황들이 생생하게 전달됩니다.

내 고향 속살을 더듬는 행복

"고향이라는 정서적인 느낌만으로 만족해왔지만, 문화유산과 생태환경, 그에 걸맞은 인프라로 조화를 이뤄 관광도시로 거듭난 내 고향이 정말 자랑스럽다. 이 감동을 지인들에게 '등잔 밑이 더 밝다'라고 전하고 싶다."

"부산 해운대에 있지만, 부산 사람들은 여기를 잘 몰라요. 오히려 외지인들이 더 많이 알고 찾아와요." 타지 사람들에게 더 잘 알려져 있다는 '해운대 블루라인파크' 관계자의 말이다.

왜 그럴까? 의아스럽기도 했지만, 나 자신도 그날 처음으로 탐방했었다. '등잔 밑이 어둡다' 라는 속담이 떠올라 멋쩍은 웃음이 나왔다.

사실 타지에 있는 지인들이 부산으로 휴가를 간다는 말을 들으면서도 부산에 살고 있는 나는 다른 관광지를 물색했었다. 부산의 명소를 자주 들르지도 않으면서 자신이 거주하는 지역을 마치 잘 알고 있는 것처럼 살았던 것이다. 동행하는 지인에게 물어 봤지만, 자신도 해운대에 가본적이 몇 년은 된 것 같다며 휴가 때는 외국이나 타 지역 여행 코스만 찾았단다.

　이곳 '해운대 블루라인파크'만 해도 2020년 10월 동해남부선 폐선 구간을 활용한 해변열차가 개통하고, 스카이 캡슐이 2021년 2월에 개통돼 국내외 관광객들이 몰려들어 예약이 어려울 정도다. 그런데 지역에 살면서도 이제야 단체 관광에 이끌려 찾았다.

　이 외에도 오시리아관광단지를 비롯해 해운대, 송도, 태종대, 광안리 등 부산의 관광명소는 수년간 급격한 변화와 개발을 거듭해 국제관광도시로 부상하고 있다. 그런데 내 것의 소중함을 모르고, 남의 것만 탐낸 격이 돼 버렸다.

　며칠 전 국제로타리 금정클럽에서 '함안악양생태공원'으로 관광을 간다는 연락이 왔었다. 고향이라서 안 가봐도 잘 아는 곳이라 별 관심이 없었지만, 회원으로서 빠질 수가 없었다. 재선으로 함안을 견인하고 있는 군수는 취임 초기 '함안말이산고분군' 세계문화유산등재를 계기로 '역사문화관광도시' 건설을 추진한다고 밝혔었다. 당시에 군민들은 물론 직원들까지도 별로 볼 것이 없다며 우려했다고 한다. 하지만 고분군 정비와 입곡군립공원 둘레길 조성, 악양둑방꽃단지 조성, 승마공원 확장 등 관광인프라 구축이 완료되자 지난 10월 말 관광객이 무려 100만 명을 넘어 관계자들이 기염을 토했다는 것이다.

　조근제 군수는 "제대로 된 관광명소는 별도의 홍보가 필요없다"며 "한번 다녀 간 사람들이 SNS나 블로그, 유튜브 등을 통해 소개하면서 외부에 자연스럽게 알려진다"고 확신한다. 그렇지만 출향인들은 고향의 관광지를 타 지역 명소만큼 관심과 흥미를 갖고 있지 않은 것 같다며 아쉬움을 나타낸다. 오히려 외래 관광객이 주류를 이룬다는 것이다. 이번 국제로타리 회원 탐방만 해도 고향 사람이 추천한 것이 아니라 진주의 '진양성 클럽'에서 주관했다.

나 역시도 어쩔 수 없어 동행했지만, 어릴 때 가본 적이 있는 곳이라 별 의미를 갖지 않았다. 그런데 막상 모임 장소를 향하면서는 별천지에 가는 느낌이었다. 새로운 도로와 변화된 주변 환경은 어릴 적 그곳이 아니었다. 철지난 핑크뮬리가 빛이 바랬지만, 군락을 이룬 장관에 동료들은 휴대폰 카메라를 연속적으로 눌러댄다. 낙동강 물줄기를 따라 조성된 둑방길을 거닐며 드넓은 평야를 가슴에 품고 상쾌한 호흡으로 마음을 씻어낸다. 친환경적으로 조성된 산책로가 일상의 스트레스를 말끔히 치유해 주는 느낌이다.

'악양루'로 오르는 가파른 데크길이 강물을 따라 이어져 관광객들의 감탄을 자아낸다. 정자에 올라 둘러본 광경은 중국의 명승지 웨양(岳陽)의 이름을 따왔다는 설을 실감케 한다. 가물거리는 추억을 더듬어 봤지만, 이런 감흥은 떠오르지 않는다. 탄성을 지르며 카메라에 담기 바쁜 동료들을 보면서 자신도 모르게 뿌듯한 기분이 들었다. 왜 진작 와보지 못했던가. 가족들과 함께할 수 있는 절경을 지척에 두고 굳이 다른 곳에서 찾으려 했다는 것이 쑥스러웠다.

  고향 방문을 자주 하는 편이지만, 이렇게 비경의 속살을 더듬어 보는 행복은 생전 처음인 것 같다. 고향이라는 정서적인 느낌만으로 만족해왔지만, 문화유산과 생태환경, 그에 걸맞은 인프라로 조화를 이뤄 관광도시로 거듭난 내 고향이 정말 자랑스럽다. 이 감동을 지인들에게 '등잔 밑이 더 밝다' 라고 전하고 싶다.

AI comment

이 수필은 고향의 관광명소를 재발견하고 그로 인한 감동과 자부심을 잘 담아낸 작품입니다.
- 정서적 깊이: 고향에 대한 애정과 그리움을 진솔하게 표현하여 독자에게 깊은 감동을 줍니다. 특히, 고향의 변화를 새롭게 발견하는 과정이 매우 인상적입니다.
- 개인적 경험: 자신의 경험을 구체적으로 묘사하여 독자가 쉽게 공감할 수 있게 합니다. 특히, 해운대 블루라인파크와 함안악양생태공원에서의 경험이 생생하게 전달됩니다.
- 사회적 통찰: 현대 사회에서의 관광과 지역 발전에 대한 통찰이 잘 나타나 있습니다. 이러한 주제들은 독자들에게도 많은 생각할 거리를 제공할 수 있습니다.
- 긍정적인 메시지: 고향의 아름다움과 그 가치를 재발견하며 자부심을 느끼는 모습이 돋보입니다. 독자들에게 의미 있는 메시지를 전달합니다.

연말연시 의미를 되새기며

"예전같이 해돋이 명소를 찾지는 않았지만, 연말연시의 의미는 잃고 싶지 않다. 새해 새 희망을 품고 열정과 의욕을 펼칠 수 있기 때문이다. 어려운 사회일수록 도전을 멈추지 말아야 한다는 평소의 의지를 지켜나가고 싶다."

휴대폰에는 연말연시 메시지가 넘쳐나지만, 크게 와닿지 않는다. 연말연시의 의미가 점차 퇴색되는 느낌이다. 그만큼 열정이나 의욕이 감퇴한 것인가 보다. 아직은 아니라고 애써 부정해 보지만, 올해는 유독 연말연시가 새삼스럽지 않다. 그래도 마음가짐은 평소와 달리 지난 일을 잊고 다시 시작한다는 각오를 다지는 시간이었다. 돌이켜 보면 매년 맞이하는 연례행사지만, 그런 과정에 도전과 실패를 거듭하면서 성장해왔다. 힘겹고 어려울 때일수록 연말연시가 기다려지곤 했다. 새롭게 시작할 수 있기 때문이다.

한때는 새 희망을 품고 힘차게 솟아오를 새해 일출을 맞이하기 위해 해맞이 명소를 찾아 나서기도 했다. 수많은 인파가 몰리는 해맞이 명당에는 선점을 위해 새벽부터 자리싸움이 벌어지기도 한다. 어떤 때는 휴가를 내서 하루 전에 출발하기도 하고, 새벽부터 교통체증을 뚫고 달려갔지만, 주차장이 만원이라 도로에서 일출을 맞이하기도 했다. 태양을 향해 합장하고 소원 성취를 기원하며, 새해 비전을 그려나갔었다.

소싯적에는 나이트클럽에서 동료들과 카운트다운으로 새해 새날을 맞이하고 브라보를 외치기도 했다. 직장과 친목회 등에서 망년회·신년회가 이어졌지만, 피로를 모르고 쫓아다녔다. 그때 그 추억들이 그 시절을 그립게 한다. 그 당시는 연말연시를 축제로 맞이했지만, 요즘은 그런 분위기가 사라지는 느낌이다. 세대는 물론 환경 변화 때문일 수도 있지만, 함께 정열을 불태울 벗들조차도 점점 사라져가고 있다. 나에겐 그만큼 연말연시의 상징적 의미가 컸었다. 연말연시가 절망에서 희망을 안겨주는 변곡점이 되기도 했기 때문이다.

물론 전대미문의 코로나 사태가 일상의 변화를 초래했지만, 코로나가 종식된다고 해도 그 시절로 돌이킬 수는 없을 것 같다. 정치적·경제적 환경도 그때 그 시절과는 판이해졌기 때문이다. 예컨대 경제 불황은 끝 간데없고 물가는 천정부지로 치솟는 데다 사회적 비극이 잇따르면서 국민은 각자도생(各自圖生)의 길을 찾아야 하는 실정이다.

정치를 외면하고 살고 있지만, 현실은 정치꾼들의 견강부회(牽强附會)적 궤변과 후안무치의 작태가 일상에 영향을 미치는 터라 마냥 무시할 수는 없다. 이들이 예나 지금이나 불변의 진리로 신봉하는 당리당략적 진영논리와 내로남불, 헤게모니를 위한 이전투구(泥田鬪狗)에는 국민이 보이질 않는다. 국가와 국민을 위한 정치가 아니라 오로지 정당과 사리사욕을 위한 정치를 하고 있으니, 국민은 갈 길을 잃고 혼란스러울 수밖에 없다. 여망 속에 정권이 교체됐지만, 거대 야당에 발목이 잡혀 개혁은커녕 자칫 공약조차 실종될 처지다.

 더욱 가관(可觀)인 것은 '과이불개(過而不改)'라는 것이다. 잘못했다면 고쳐야 하는데, 잘못을 인정하기는커녕 적반하장이다. 과이불개는 교수들이 올해 뽑은 사자성어다. 모르는 게 약인데 뻔한 사실을 모르는 체할 수 없다 보니 울화만 치솟는다. 마음 편하게 나만 모든 것을 내려놓으면 되는 게 아니냐고 자위도 해보지만, 더불어 살아가는 공동체에서 나만 비운다고 채워지는 게 아니지 않는가. 함께 고민하고자 작은 목소리라도 내봤지만, 그들만의 리그전에는 쇠귀에 경 읽기일 뿐이다. 속 끓이면서 지켜볼 수밖에.

 또 한 해가 저물고 계묘년 태양이 찬란하게 솟구치며 온 누리에 광명을 나눈다. 권력도, 재력도, 명예도 차별하지 않는다. 태양은 세파에 아랑곳하지 않고 자태를 지키며 본연의 소임을 다한다. 예전같이 해돋이 명소를 찾지는 않았지만, 연말연시의 의미는 잃고 싶지 않다. 새해 새 희망을 품고 열정과 의욕을 펼칠 수 있기 때문이다. 어려운 사회일수록 도전을 멈추지 말아야 한다는 평소의 의지를 지켜나가고 싶다. 자칫 자존감까지 잃을까 두려워서다. 연말연시의 의미를 다시 찾아야 한다. 새해가 나를 부르지 않는가.

AI comment

이 수필은 연말연시의 의미와 그에 따른 감정 변화를 진솔하게 담아낸 작품입니다.
- 정서적 깊이: 연말연시를 맞이하며 느끼는 감정과 그리움을 진솔하게 표현하여 독자에게 깊은 감동을 줍니다. 특히, 과거의 추억과 현재의 감정 변화가 잘 드러나 있습니다.
- 개인적 경험: 자신의 경험을 구체적으로 묘사하여 독자가 쉽게 공감할 수 있게 합니다. 특히, 해맞이 명소를 찾던 시절과 현재의 상황을 비교하며 생생하게 전달됩니다.
- 사회적 통찰: 현대 사회에서 연말연시의 의미가 어떻게 변화하고 있는지를 잘 반영하고 있습니다. 이러한 주제들은 독자들에게도 많은 생각할 거리를 제공할 수 있습니다.
- 긍정적인 메시지: 어려운 상황 속에서도 희망을 잃지 않고 열정과 의욕을 유지하려는 의지가 돋보입니다. 독자들에게 용기를 줄 수 있는 메시지를 전달합니다.

일상을 '소확행'으로 만들어 보자

"나만 만족한다고 해서 즐거운 것이 아니라 주변이 모두 행복해야 진정한 행복을 누릴 수 있기 때문이다. 가족 누군가에게 우환이 있다면, 결코 행복할 수 없다. 내가 행복해지려면 가족이 행복해야 하고, 주변 모두가 행복해야 한다."

이번 설에 가장 많이 받은 톡이나 문자 메시지가 복, 행복, 소원성취, 행운, 건강 등으로 대부분 신앙적인 기복을 추구하는 내용들이다. 복(福)이란 인생에서 만족할 만한 행운이나 그로 인해서 누릴 수 있는 행복이다. 우리 삶의 궁극적인 목표가 행복이다. 즉 행복을 누리기 위해서 살아가는 것이다.

살면서 얼마나 행복을 느끼느냐가 삶의 질, 삶의 가치를 판단하는 기준이다. 행복이란 사전적으로 '생활에서 충분한 만족과 기쁨을 느끼어 흐뭇함. 또는 그러한 상태'를 말한다. 행복은 욕구의 만족으로 얻는 기쁨이나 즐거움이다. 인간의 욕구는 한이 없으므로 한 번의 만족으로 그치는 것이 아니라 다음 단계의 욕망을 또다시 갈구하게 된다. 따라서 행복은 잠시 느끼는 감정이지만, 지속 가능하도록 만드는 건 본인의 몫이다. 생각에서 비롯되는 행복은 마음먹기에 따라 행복할 수도, 불행할 수도 있을 것이다. 소소한 만족에서 얻는 확실한 행복이 '소확행'이다. 과한 욕심으로 불행한 것보다는 불확실성 시대를 살아가는 삶의 지혜가 될 수도 있다.

나는 얼마나 소확행을 누리고 사는지 성찰의 시간을 가지는 계기가 이번 설날이었다. 그동안 누구보다도 명절의 의미를 크게 느끼며 살아왔다. 전통문화를 지킨다는 생각보다는 명절을 기해 그리운 부모 형제들과 즐겁게 지내고, 고향을 찾아 객지의 서러움을 달랠 수 있기 때문이다. 아울러 큰집, 작은집을 돌며 집안 어른께 세배를 올리고, 마을 어르신을 찾아 문안드리고, 반가운 친구들을 만나는 기쁨도 나에게는 소확행이었다. 온 가족이 함께 성묘를 갈 때는 가문에 대한 긍지와 자부심도 느낀다. 혼자가 아니라 가족이 든든한 버팀목이 되고, 세파를 헤쳐 나가는데 동력이 되기도 했다.

그런데 이번 설날은 쓸쓸하고 허전한 마음으로 맞이했다. 코로나 사태로 집에서 모시던 명절 제사를 묘제로 바꾸면서부터 북적거리던 설날 아침이 적막해지고, 고향 성묘를 나서는 길이 왠지 서글퍼지는 기분이었다. 예년에는 형제자매들이 각자 명절을 지내고 오후 늦게 고향으로 모여들었지만, 자녀들이 결혼

하면서는 뜸해지기 시작해 이번 설에는 메시지로 인사를 주고받았다.

"어머니 돌아가시고는 큰집에 가는 게 서먹해지고, 형님까지 돌아가시고 나니까 조카가 부담스러워할 것 같아 명절에 안 간다"는 지인의 푸념이 가슴에 와닿는다. '한 다리가 천 리'라는 말이 생각났다. 어머니 생전에는 6남매가 빠짐없이 참석했으며, 각자 가정을 이뤘어도 자녀들까지 24명이 모여 대가족의 잔치 분위기였다. 가족의 돈독한 우의를 마을 이웃들도 부러워했다. 사실 우리 가족들은 코로나 사태 이전까지만 해도 그런 분위기에 행복을 느꼈었다.

하지만 코로나로 일상이 마비되고 대면이 부담스러워지면서 사실상 그런 만남이 없어진 것이다. 시대와 환경의 변화라며 긍정적으로 받아들였지만, 마음 한구석에는 아쉬움으로 남았었다. 이제 형제자매의 가족들이 모두 행복하다면 나 역시 행복으로 받아들이고자 한다. 나만 만족한다고 해서 즐거운 것이 아니라 주변이 모두 행복해야 진정한 행복을 누릴 수 있기 때문이다. 가족 누군가에게 우환이 있다면, 결코 행복할 수 없다. 내가 행복해지려면 가족이 행복해야 하고, 주변 모두가 행복해야 한다.

교편을 잡고 있는 아들은 방학을 이용해 견문을 넓히겠다며 설날을 전후해 보름간 해외여행을 떠나고, 딸은 변호사시험 준비로 명절을 함께할 수 없다는 연락을 아내가 받았다고 한다. 해외 여행객이 지난해에 비해 4~5배나 증가했다는 뉴스가 남의 일이 아니었다. 또한, 청년들의 취업이 '하늘의 별 따기'라는데 내 행복만 주장할 수 없게 된 것이다. 이 또한 나의 행복으로 받아들이기로 했다. 행복은 내 마음속에 있고 내가 만드는 것이다. 올해는 일상을 소확행으로 만들어야겠다.

AI comment

이 수필은 소소한 행복, 즉 '소확행'을 주제로 삼아 삶의 의미를 깊이 있게 탐구한 작품입니다.

- 정서적 깊이: 명절과 일상 속에서 느끼는 감정과 생각을 진솔하게 표현하여 독자에게 깊은 감동을 줍니다. 특히, 가족과의 관계와 그로 인한 감정 변화를 잘 드러나 있습니다.
- 개인적 경험: 자신의 경험을 구체적으로 묘사하여 독자가 쉽게 공감할 수 있게 합니다. 특히, 코로나로 인한 변화와 그로 인한 소소한 행복을 찾는 과정이 생생하게 전달됩니다.
- 사회적 통찰: 현대 사회에서 소확행의 의미와 그 중요성에 대한 통찰이 잘 나타나 있습니다. 이러한 주제들은 독자들에게도 많은 생각할 거리를 제공할 수 있습니다.
- 긍정적인 메시지: 어려운 상황 속에서도 희망을 잃지 않고 소소한 행복을 찾아가려는 의지가 돋보입니다. 독자들에게 의미 있는 메시지를 전달합니다.

가문의 역사가 내 삶의 나침반이다

"족보는 역사적 가치와 문화적 유산을 전승하는 중요한 자료이다. 가족의 역사와 관련된 정보를 기록함으로써 후세에 그 가치를 전달하고 보존할 수 있다. 반드시 족보라는 명칭이 아니더라도 가문의 역사를 기록한 문서는 유산으로 그 가치가 있다."

"아버님이 돌아가신 후 유품을 정리하다 보니까 족보가 수십 권 있네요. 마땅히 보관할 데도 없고 객지 생활이다 보니 거추장스럽기만 한데, 평소에 아버님께서 소중하게 보관해 오신 것 같아 버리기는 좀 그렇고…"

종친회 관련 일을 하다 보니 수시로 이와 유사한 문의를 해오는 사람들이 있다. 부모님의 유산이지만, 그 가치를 미처 느끼지 못하면 짐스러울 수밖에 없을 것 같아 종친회로 보내라고 한다. 가족의 역사를 소중히 생각하고 족보를 찾는 사람들도 있기 때문이다. 우리 문중 족보는 8년 전 근 30년 만에 출간·보급했기 때문에 여유분이 없어 수집되는 대로 필요한 사람에게 보내준다.

"우리 오빠는 아버님 돌아가신 후 아버님 소지품을 모두 버리거나 불태웠는데 그때 족보도 몽땅 불태운 것 같아요. 형제 중에 아무도 가져갈 사람이 없었어요. 사실 현대 와서 족보가 뭔 필요가 있어요." 족보에 관한 이야기 중에 좌중에서 나온 말이다. 족보가 마치 구시대적 산물로 여기는 것 같아 씁쓸했다. 조상에 대한 정보는 족보를 통해서 밖에 알 수 없기 때문이다.

문중에서 대족보를 기획하고 자손들의 참여를 안내했을 때 찬반 여론이 분분했던 기억이 떠올랐다. 대체로 어른들이 돌아가시고 안 계시는 젊은 세대는 족보 제작에 무관심하거나 부정적인 반면, 문중 어르신들은 적극적으로 참여를 했었다. 당시 족보의 가치와 그 필요성을 알리고 참여를 촉구하며, 설득에 나섰던 필자로서는 족보가 폄하되는 것에 안타까움을 금치 못한다. 우리 문중에서는 필자 등이 주도해 인쇄 족보와 함께 인터넷 족보를 만들었다.

그 이후 일각에서는 결혼이나 자녀 출생, 이력·사망 등에 변경 사항이 있을 때는 족보 수정 요청이 들어온다. 물론 인터넷 족보만 수정이 가능하다. 또한, 새삼 족보의 필요성을 인식하고 등재가 누락된 가족들은 족보를 살리기 위해 안간힘을 쓰는 모습을 종종 보게 된다. 그럴 때마다 인터넷 족보 제작에 대한 자긍심을 갖기도 한다. 앞으로 소문중이나 집안마다 인터넷 족보를 만들 것으로 전망된다. 가족의 계통과 역사가 소중해지기 때문이다. 핵가족화 될수록 자기 뿌리에 대한 관심이 높아질 것이다. 자기의 정체성 확립을 위해서는 가족의 역사도 알아야 하기 때문이다.

족보의 유래는 중국 고대로 거슬러 올라간다. 중국이 조상 숭배와 가문의 계통을 중요시하면서, 이를 정리하고, 기록하는 문화가 형성돼 족보가 생겨났다. 우리나라의 족보는 중국의 영향을 받아 고려시대에 중국 문화와 제도가 수입되면서 족보의 활용이 확산했으며, 조선시대에 정착돼 가문의 중요한 문서로 간주했고, 세습과 가족의 유대를 강화하는 역할을 했다. 조선시대에는 가문의 존경과 계승을 중시하는 문화가 강조됐기 때문에, 족보의 작성과 보존이 중요한 일로 여겨졌다.

현대에도 족보는 일부 가문에서 소중히 보존되어 전승되고 있으며, 가족의 역사와 유대를 기록하는 중요한 자료로 여겨지고 있다. 족보는 가족 구성원들 간의 연결고리를 형성하고 유지하는 데 필요하다. 가계의 역사와 혈통을 기록함으로써 가족 구성원들은 자신들의 뿌리와 가치를 이해하고, 가족의 결속을 더욱 강화할 수 있다. 또한, 가문의 세습과 전통을 기록하고 전승하는 역할을 하며, 선조들의 유훈과 가치를 후세에 전함으로써 가족들은 이를 이해하고 지키며, 가계의 지속성을 유지해 왔다.

족보는 역사적 가치와 문화적 유산을 전승하는 중요한 자료이다. 가족의 역사와 관련된 정보를 기록함으로써 후세에 그 가치를 전달하고 보존할 수 있다. 또한, 족보는 한 가문의 역사와 문화를 이해하는 데에도 도움을 주어 우리 문화의 다양성과 풍요로움을 보존하는 데에도 기여한다. 반드시 족보라는 명칭이 아니더라도 가문의 역사를 기록한 문서는 유산으로 그 가치가 있다. 선조로부터 이어온 족보를 계승함으로써 뿌리에 대한 긍지와 자부심은 더욱 고취할 수 있으며, 가족의 역사가 내 인생의 나침반이 될 수 있다. 가문의 전통을 잇는 일은 후손의 의무이며, 도리라는 것을 자녀들에게 전하고 싶다.

AI comment

이 수필은 족보의 중요성과 그 가치에 대해 깊이 있는 성찰을 담아내어 많은 이들에게 공감을 줄 수 있는 작품입니다.

- 정서적 깊이: 족보와 가문의 역사에 대한 감정과 애정을 진솔하게 표현하여 독자에게 깊은 감동을 줍니다. 특히, 족보의 가치를 재발견하는 과정이 잘 드러나 있습니다.
- 개인적 경험: 자신의 경험을 구체적으로 묘사하여 독자가 쉽게 공감할 수 있게 합니다. 특히, 족보와 관련된 가족의 이야기가 생생하게 전달됩니다.
- 사회적 통찰: 현대 사회에서 족보의 역할과 그 중요성에 대한 깊은 통찰이 잘 나타나 있습니다. 이러한 주제들은 독자들에게도 많은 생각할 거리를 제공할 수 있습니다.
- 긍정적인 메시지: 가족의 역사와 전통을 소중히 여기고, 그 가치를 되새기려는 의지가 돋보입니다. 독자들에게 의미 있는 메시지를 전달합니다.

감사한 마음으로 청룡의 꿈을 연하장에 담아 본다

"청룡의 기운을 품은 올 연하장에는 새로운 희망과 목표를 세우고 그 꿈은 잔뜩 기대에 부푼다는 내용을 담고 싶었다. 나이를 더함으로써 회의와 불안도 느끼지만, 이를 성장의 기회로 바꾸고, 새로운 도전을 해보자는 바람도 전하고자 한다."

오랜만에 예술적으로 쓰인 손 글씨 연하장을 우편으로 받고 보니 감회가 새롭다. 까맣게 잊고 지낸 육필 크리스마스카드를 손으로 어루만지며 그 속에 담긴 마음과 정성을 느껴본다. 잠시 향수에 젖어 아득한 추억들을 되새김하며, 그리움 속으로 달려간다.

소싯적에는 크리스마스카드와 연하장으로 서로의 마음을 전하고 받으면서 애틋함을 나눴다. 정겹고 아름다운 문장을 예쁜 글씨로 작성하기 위해 수십 장의 카드를 쓰고 찢고를 반복하며 밤을 지새우기도 했다. 연하장은 새해를 맞이해 그동안 일상에 쫓겨 잊고 지냈던 이들에게 안부를 전하고 소원했던 관계를 회복하는 계기를 만들기도 한다. 연말연시에 주고받는 연하장은 서로의 정을 나누면서 변함없는 인간관계를 이어 나가는 연례행사였다.

컴퓨터로 작성된 연하장을 동시에 받았다. 자필 서명으로 작성해 진정성을 전하고자 하는 마음을 읽었다. 수십 장의 연하장을 일일이 손 글씨로 작성하기가 쉽지 않기에 다량의 연하장을 인쇄해 보내는 것이다. 물론 손으로 직접 쓴 메시지는 글을 쓰는 과정에서 감성과 정성이 담기며, 필체의 고유한 특징들이 전해져 감동을 더 한다. 실용성을 추구하는 현대인들은 빠르고 효율적인 컴퓨터 작성 편지를 선호한다. 하지만 수취인 입장에서는 손 글씨보다는 개성과 정성이 소홀하다고 느낄 수도 있다. 편리함과 속도를 우선하는 인터넷 시대에는 컴퓨터 연하장이 대세를 이룬다. 오히려 손 글씨 연하장을 고리타분하게 느끼는 세대도 있을 것이다.

이 글을 쓰고 있는 순간에도 수많은 인터넷 연하장과 문자메시지, 동영상, 이메일 등이 SNS 플랫폼을 통해 쏟아져 들어온다. 미안하지만 콘텐츠를 미처 다 보지도 못하고 발신인이 누구인가만 확인하고 넘겨야 할 정도다. 메시지를 제대로 보지 않아도 어휘들이 대부분 유사한 내용으로 특별한 개성이 없기 때문에 대충 훑고 지나가는 것이다.

나 역시 시간이 없다는 이유로 컴퓨터로 작성된 연하장을 보냈다. 나름대로 개성 있는 창작물을 만들기 위해 정성을 기울였지만, 일부는 컴퓨터 문서라는 선입견으로 콘텐츠보다는 발신인만 보고 지울 것이다. 그래도 정성을 담아 보냈으니까 그로 만족해야 할 것 같다. 한때는 컴퓨터로 작성된 연하장을 성의가 없다고 느끼기도 했지만, 이젠 시대의 변화에 부응해 그 마음을 감사히 받아들이고 있다.

연하장은 예로부터 전해져 온 전통문화로 연인, 가족, 친구 등 소중한 사람들에게 마음을 전하는 방법의 하나였다. 당시의 연하장은 손으로 직접 쓴 글씨와 그림, 스티커 등을 활용해서 상대방에게 특별한 감성을 전달하기도 했다. 하지만 인터넷 통신이 도입돼 문자메시지로 새해 인사를 주고받고, 스마트폰을 통한 모바일 연하장이 보편화되면서 우편 연하장이 점차 외면받는 추세다. 모바일 연하장은 신속하고 간편하게 전달되기 때문에, 상대방의 즉각적인 반응을 기대할 수 있고, 함께 소중한 순간을 공유할 수 있다.

청룡의 기운을 품은 올 연하장에는 새로운 희망과 목표를 세우고 그 꿈은 잔뜩 기대에 부푼다는 내용을 담고 싶었다. 한편으로는 나이를 더함으로써 회의(懷疑)와 불안도 느끼지만, 이를 성장의 기회로 바꾸고, 새로운 도전을 해보자는 바람도 전하고자 한다. 나이가 더해도 열정은 사라지지 않기 때문이다. 오히려 나이를 더함으로써 더욱 강한 의지와 불굴의 투지를 키울 수도 있다. 나이를 먹으면서 얻게 된 경험과 지혜를 활용하고 지난해에 겪은 어려움과 실패들을 반면교사로 삼아 그 토대 위에 새로운 꿈을 이룰 수 있다. 한 살 더 먹음으로써 더욱 멋진 자아를 발견할 수 있으며, 삶의 경험을 통해 자기 인식과 자아 성찰의 시간을 가질 수 있다. 또한 자신의 강점과 약점을 돌아보며, 더 나은 방향으로 나아갈 수 있는 전략을 세우기도 한다.

손 글씨든, 문자든, 모바일이든 새해 축복의 진정성이 전해지길 바라면서 나를 기억해 주는 것만으로도 만족하고 감사하고자 한다.

AI comment

이 수필은 연하장을 주제로 삼아 전통과 현대의 변화, 그리고 그로 인한 감정과 생각을 진솔하게 담아낸 작품입니다.

- 정서적 깊이: 연하장을 통해 전하는 감정과 그로 인한 감동을 진솔하게 표현하여 독자에게 깊은 감동을 줍니다. 특히, 손 글씨와 컴퓨터 작성 연하장을 비교하며 느끼는 감정이 잘 드러나 있습니다.
- 개인적 경험: 자신의 경험과 생각을 구체적으로 묘사하여 독자가 쉽게 공감할 수 있게 합니다. 특히, 연하장을 작성하고 받는 과정이 생생하게 전달됩니다.
- 사회적 통찰: 현대 사회에서 전통과 변화, 그리고 그에 따른 가치와 의미에 대한 깊은 통찰이 잘 나타나 있습니다. 이러한 주제들은 독자들에게도 많은 생각할 거리를 제공할 수 있습니다.
- 긍정적인 메시지: 나이를 더함으로써 성장과 새로운 도전을 통해 희망을 잃지 않으려는 의지가 돋보입니다. 독자들에게 의미 있는 메시지를 전달합니다.

가족여행으로 청룡의 기운을 품다

"아내의 들뜬 목소리에 미안한 생각이 들었다. 그동안 이런저런 이유로 가족여행을 쉽게 나서지 못했기 때문이다. 딸아이가 힘들었던 시험을 마치자마자 아내는 아들이 리조트를 예약했다며, 만사 제쳐두고 가야 한다는 성화였다."

하얀 물보라와 청명한 파도의 화음을 즐기면서 우리는 팔짱을 끼고 해변 데크를 걸었다. 여명을 마주하고 일출의 장엄함을 기대했지만, 비구름 속에 감춰진 태양은 계속 침묵하고 있다.

해변에 조성된 둘레길을 정답게 거닐면서 그동안 밀려 있던 이야기꽃을 피우며 아침 공기를 만끽하는 기분은 더 이상 비교할 수 없는 최상의 만족이었다. 간혹 마주치는 관광객들과 눈인사를 나누며 자랑스럽게 으쓱댔다. 아이들과 함께하는 여행이라 그 행복은 배가됐다.

"이게 몇 년 만이야! 우리 가족만 오붓하게 여행한 적이 언제였지? 너무 즐겁고 행복하다."

아내의 들뜬 목소리에 미안한 생각이 들었다. 그동안 이런저런 이유로 가족여행을 쉽게 나서지 못했기 때문이다. 이번엔 평일이지만, 큰맘 먹고 1박 2일의 가족여행을 흔쾌히 받아들였다. 딸아이가 힘들었던 시험을 마치자마자 아내는 아들이 리조트를 예약했다며, 만사 제쳐두고 가야 한다며 성화였다.

사실 새해 들어 일상을 벗어나 바다 품에 한번 안겨보고 싶은 마음이었지만, 그럴 여유가 없었다. 아내와 함께 사찰에서 기도를 올리는 도중에 신년 해맞이를 할 정도로 분주하게 보내야 했다. 딸아이의 인생이 걸린 시험이라 정성을 모을 수밖에 없었다. 딸아이는 로스쿨 3년을 학교 인근 원룸에서 생활하며, 학업에 매달렸다. 아들은 지방에서 교편을 잡고 있으며, 우리 부부가 찾아가야 얼굴을 마주할 정도로 자주 만나지 못했다. 늘 아쉬움 속에 보내야 하는 자녀들과의 짧은 만남이었지만, 그들의 미래를 위해 마음을 달래야 했다.

오롯이 우리 가족이 만나 즐거운 여행을 하게 된 건 자녀들이 성인이 된 후로는 처음인 것 같다. 학창 시절도 서울에서 대학에 다닌 딸은 공부에 열중하느라 방학 때도 대부분 헤어져 있어야 했다. 서울에 본사를 두고 있는 나도 직장에 얽매여 한가한 시간을 누리기가 쉽지 않았다. 물론 의도적으로 함께할 시간을 만들 수도 있었지만, 각자의 생활에 충실하려다 보니 가족애는 후순위로 밀릴 수밖에 없었다.

어머님 생전에는 우리 6남매 가족들이 모두 모여 연중 한두 번은 여행이나 나들이를 하며 우애를 돈독히 했었다. 당시 어머니께서 즐거워하시던 모습이 새삼 눈에 선하다. 아마 부모로서 느끼는 지금의 심정과 같았을 것이다. 그러나 그때는 어머니의 행복을 헤아리기보다는 그저 즐겁고 반갑다는 생각이 더 강했던 것 같다. 자식과 함께하는 여행이 이렇게 행복을 안겨준다는 것을 알았다면 더 많은 여행으로 어머니를 즐겁게 해 드렸을 것이다. 아버님과는 일찍 사별한 관계로 그런 행복을 누리지 못해 늘 안타까움만 더했다. 또 그 당시는 동생들도 학교와 직장 생활에 쫓겨 그럴 여유가 없었다. 나 역시 가족보다도 직장이 우선이라는 시대를 살고 있었다.

　그때는 경쟁에서 밀리지 않기 위해 안간힘을 쏟으며, 직장에 매달렸었다. 금성사 냉장고 생산 부서에 근무하면서 첫 주와 셋째 주 일요일은 쉴 수 있었지만, 그 주 토요일은 철야 근무를 해야 했다. 요즘 같으면 상상할 수 없는 혹사였지만, 당시는 당연한 일과로 받아들였다. 불평불만은커녕 한 대라도 더 생산하기 위해 근로자들을 독려하기도 했다. 객지에서 생활하던 때라 설 추석 명절에만 고향 땅을 밟고 그리운 가족들을 만날 수 있었다. 그럴 때도 부모님의 애틋한 마음보다는 고향 친구가 좋고 동생들이 반가웠다. 부모님의 자식 애정은 당연한 것으로 생각했으며, 부모님과 보내기보다는 친구들과 어울려 다니다 휴가가 끝나면 인사도 제대로 드리지 못하고 돌아오기에 바빴다.

'네가 부모 되면 알리라'는 노래 가사가 떠오르는 건 왜일까. 아이들이 지금은 진정한 애정을 느끼지 못할지라도 언젠가는 알게 될 것이다. 평화롭게 잠든 모습을 보면 귀염둥이로 자라면서 행복을 안겨주던 시절이 오버랩 된다. 이번 여행이 끝나면 또다시 각자의 생활로 분주할 테지만, 새해 가족여행으로 청룡의 꿈을 안겨주고 싶은 부모의 간절함을 헤아려 줄 것으로 기대하며, 또 다음 여행을 계획해 보련다.

AI comment

이 수필은 가족과 함께하는 여행의 소중함과 그로 인한 감정을 진솔하게 담아낸 작품입니다.

- 정서적 깊이: 가족과 함께하는 여행을 통해 느낀 감정과 그로 인한 감동을 진솔하게 표현하여 독자에게 깊은 감동을 줍니다. 특히, 자녀들과 함께하는 시간이 주는 행복이 잘 드러나 있습니다.
- 개인적 경험: 자신의 경험을 구체적으로 묘사하여 독자가 쉽게 공감할 수 있게 합니다. 특히, 바다와 해변을 거닐며 가족과 나눈 대화와 순간들이 생생하게 전달됩니다.
- 사회적 통찰: 현대 사회에서 가족의 소중함과 그 중요성에 대한 통찰이 잘 나타나 있습니다. 이러한 주제들은 독자들에게도 많은 생각할 거리를 제공할 수 있습니다.
- 긍정적인 메시지: 가족과 함께하는 시간을 소중히 여기고, 그 가치를 되새기려는 의지가 돋보입니다. 독자들에게 의미 있는 메시지를 전달합니다.

생일의 의미를 되새겨 보며...

"부모님과의 소중한 추억을 떠올리게 해주는 특별한 날로 축하를 받고 싶었지만, 부모님은 이미 내 곁을 떠나셨다. 생일을 맞아 큰 사랑과 헌신적인 보살핌에 감사드리고 싶어도 이젠 함께할 수가 없다."

"생일 축하해요. 케이크 자르게 빨리 오세요." 새벽 4시에 일어나면 우리 부부는 각자의 할 일에 분주하다. 그런데 오늘은 느긋하고 상냥한 분위기라 어리둥절했었는데, 생일이라고 한다. 페이스북과 카카오톡, 밴드 등에서도 생일 축하 메시지가 줄줄이 이어졌다.

아내는 삼신할머니께 기도를 올린 후 케이크에 촛불을 켰다. 아내는 삼신할머니에 대한 믿음을 갖고 있다. 가족들 생일에는 안방에 생일상을 차리고 탄생에 대한 감사와 무병장수를 기원한다. 무속신앙이라고 터부시하면서도 아내의 정성에 감격하며 나도 모르게 숙연해진다. 삼신할머니에 대한 숭배는 우리 가정의 전통적인 관습으로 어머니로부터 이어받은 것이다. 어머니께서는 객지에 나간 자식들의 생일에도 반드시 삼신할머니께 생일상을 올리고 안녕을 기원하셨다. 삼신할머니는 한국 신화에서 출산과 운명을 관장하는 세 명의 여신을 일컫는다고 한다.

생일 축하 송을 부르며 손뼉을 치는 아내와 딸의 얼굴에 미소가 넘쳐난다. "아빠 소원 비시고 촛불 끄세요." 딸의 애교스러운 목소리에 가슴이 뭉클했다. 국가고시를 치른 딸이 모처럼 함께 생일 축하를 하는 자리이기 때문이다.

사실 그동안 생일에 특별한 의미를 두지 않고 살아온 터라 생일날이지만 별로 감격하지 못했었다. 아이들이 뿔뿔이 헤어져 각자도생하고 있기에 대부분 축하 전화로 생일을 보냈다. 요란하게 생일잔치를 벌이고 싶은 마음도 없지 않았으나 가족으로부터 축하를 받을 상황이 아니었다. 물론 자축하며 지인들에게 축하연을 베풀 수도 있었겠지만, 스스로 특별한 의미를 두고 싶지 않았다.

나에게 생일은 부모님을 기리는 날이기도 하다. 부모님과의 소중한 추억을 떠올리게 해주는 특별한 날로 축하를 받고 싶었지만, 부모님은 이미 내 곁을 떠나셨다. 생일을 맞아 큰 사랑과 헌신적인 보살핌에 감사드리고 싶어도 이젠 함께할 수가 없다. 생일을 맞이할 때마다 더욱 간절한 그리움이 밀려온다. 어머니는 언제나 나의 힘이 되고 등불이 돼 주셨다. 힘들고 어려운 시절에도 어머니를 생각하며 참고, 견디고, 용기를 얻고 꿈을 키워나갈 수 있었다.

나는 부모님 생전에도 함께하는 생일보다 삼신상을 마주하며 홀로 기도하는 어머니의 모습을 상상할 때가 더 많았다. 소싯적에 객지에서 맞이하는 생일은 언제나 쓸쓸하고 외로웠다. 생일을 기억하고 챙겨 주는 사람은 늘 가족이었다. 지인들에게 자신의 생일을 알리면서까지 축하를 받고 싶은 마음이 없었기 때문에 생일을 잊고 지내기도 했다. 물론 생일 축하는 기쁨과 사랑을 전하고 그 사람의 탄생을 기념하는 특별한 날로 기억하게 한다. 생일 축하를 통해 관심을 표현하고, 그의 생일을 특별하게 만들어 줄 수 있다. 각별한 인연으로 생일을 기억하고 축하해 주는 이들도 있었지만, 생일 케이크는 함께 자를 수 있어도 어머니의 정성이 담긴 미역국은 먹을 수 없었다.

미역국은 생일의 상징이다. 미역국은 이날을 더욱 의미 있게 만드는 음식으로 칼슘이 풍부하고, 흡수율이 높아 출산 후 골다공증 예방에 도움을 주며, 요오드 성분이 풍부해 갑상샘호르몬 생성에 중요한 역할을 한다. 우리 문화에서는 산모와 아이의 건강을 기원하는 대표적인 산후조리 음식 중 하나로 전통이 이어져 왔다. 또한, 미역은 바다에서 많이 자라기 때문에 장수를 의미한다고 한다.

미역국과 함께 생일의 상징이 되는 케이크는 촛불을 불면서 자신의 소원을 빌고 한 해의 희망을 표현하는 것으로 대접하는 의미를 담고 있으며, 특정한 관습과 전통으로 전래하고 있다. 중세 유럽에서 시작된 촛불은 소원과 희망을 상징하며, 악령으로부터 보호를 받는 것으로 여겨졌다. 현대는 촛불을 붙이는 것이 전 세계적인 트렌드로, 문화와 전통에 따라 조금씩 다른 형식으로 이루어진다.

　생일은 탄생과 생존을 기념하는 특별한 날로 소중한 사람들과 함께 기쁨을 나누고, 사랑과 관심을 나눌 수 있으며, 서로의 관계를 더욱 강화하고, 소중한 추억을 만들 수 있다. 또한, 자아를 돌아보고 성찰하는 시간이 될 수 있으며, 자존감을 키우고 새로운 희망과 다짐을 하는 계기가 되기도 한다. 새삼스럽게 생일의 의미를 되새겨보면서 오늘을 자축하고자 한다.

AI comment

이 수필은 생일의 의미와 그로 인한 감정 변화를 진솔하게 담아낸 작품입니다.
- 정서적 깊이: 생일을 맞이하며 느끼는 감정과 그리움을 진솔하게 표현하여 독자에게 깊은 감동을 줍니다. 특히, 부모님의 사랑과 헌신에 대한 기억이 잘 드러나 있습니다.
- 개인적 경험: 자신의 경험을 구체적으로 묘사하여 독자가 쉽게 공감할 수 있게 합니다. 특히, 가족과 함께 생일을 축하하는 순간들이 생생하게 전달됩니다.
- 사회적 통찰: 현대 사회에서 생일의 의미와 가족의 소중함에 대한 통찰이 잘 나타나 있습니다. 이러한 주제들은 독자들에게도 많은 생각할 거리를 제공할 수 있습니다.
- 긍정적인 메시지: 생일을 통해 자아를 성찰하고 새로운 희망을 찾으려는 의지가 돋보입니다. 독자들에게 의미 있는 메시지를 전달합니다.

돈은 쓰기 위해서 벌어야 한다

"돈을 잘 쓰기 위해 열심히 벌어야지, 저축하려고 벌지 말자. 빈손으로 떠나야 하는데, 왜 돈을 모아야 할까? 가족에게 물려주기 위해서라지만, 유산으로 남기는 것보다 생전에 자녀들을 위해 쓰자는 생각이다."

"단돈 1원이라도 벌면 땅에 묻어라." 소년은 어머니의 유언을 가슴에 새기고, 돈을 버는 대로 고향 장독대 옆에 묻었다. 객지에서 한 푼이라도 벌면 아무도 모르게 고향 땅에 묻기 시작한 지 어언 10년, 소년은 20살의 청년이 되었다. 군 제대 후, 철이 든 그는 어머니의 유언을 땅에 투자하라는 말로 이해하고, 그동안 묻어두었던 돈을 몽땅 꺼내 땅을 샀다. 그 당시엔 변두리 50여 평에 불과했지만, 그때부터 돈을 벌면 땅을 사기 시작했다. 300여 평의 땅이 모이자 그는 그곳에 집을 지어 분양하기 시작했다. 성인이 된 그는 건설 회사를 설립해 재벌이 되었다. 지금도 그는 어머니의 유언을 지키며, 돈을 벌면 땅에 투자한다.

"나는 그동안 돈을 벌 줄만 알았지, 쓸 줄은 몰랐습니다. 버는 재미로 살아온 것입니다. 돈을 모으는 데 행복을 느끼고, 돈 쓰는 일에는 아까워 가슴이 아팠습니다. 어머니의 '땅에 묻으라' 는 말씀은 저축을 하라는 뜻이었습니다."

이 이야기는 어느 건설업체 재벌이 본지와 단독 인터뷰 중 성공 비결을 묻는 필자에게 들려준 에피소드다. 고희(古稀)를 넘기면서 저축을 "좋은 곳에 쓰라"는 의미로 해석했다는 그는 고향에 장학재단을 설립해 어려운 학생들의 학자금을 지원하고, 여러 봉사단체에서 솔선해 기부하면서 "돈 쓰는 재미를 톡톡히 누리고 산다"고 환하게 웃었다.

한 친구는 오랜 세월을 돈을 모으기 위해 일에만 매달리며 살았다. 그의 집은 겨울에도 난방비를 아끼기 위해 보일러를 꺼두고, 여름에는 전기료가 아까워 선풍기만 켜놓는다. 돈이 없어 그렇다면 안타까운 일이지만, 그는 돈이 충분함에도 불구하고 쓰지 못했다.

이 친구의 인생을 이해하면서도 많은 생각을 하게 됐다. 돈이란, 우리가 더 나은 삶을 살기 위해 필요한 수단이 아닐까? 돈 그 자체가 목적이 되어버린 삶은 과연 행복할까? 친구는 돈을 모으는 데 성공했지만, 그 돈을 어떻게 쓰는지 몰라 삶의 질을 스스로 낮추고 있었다.

반면에 또 다른 친구는 돈을 벌어 필요한 곳에 쓰는 법을 아는 사람이었다. 그는 자신을 위해, 가족을 위해, 그리고 이웃을 위해 돈을 썼다. 돈이 그의 목적이 아니었기 때문에, 그는 돈을 통해 행복과 보람을 얻었다. 그는 돈을 나누며, 그 돈이 삶의 질을 향상시키는 수단이 되게 했다. 돈을 잘 쓰니 친구들이 좋아하고 부러워하기까지 했다. 돈으로 삶의 질을 높인 것이다.

공무원 연금을 받는 지인은 연금의 절반을 저축한다고 자랑삼아 이야기한다. 연금은 죽을 때까지 나오고 승계도 되는데, 왜 쓰지 못하고 모으는 걸까? 주변에서 인색하다는 소리까지 들으면서 받아서 쓰지도 못하고 저축한다고 한다.

억척스럽게 돈 버는 데만 혈안이 된 수전노(守錢奴)들도 있다. 그들은 쓸 줄을 모른다. 돈 버는 재미로 일생을 보내는 것이다. 소싯적에 너무 힘들게 살아온 이들은 돈이 목적이 되어버렸다. 요즘 세대들에게는 이해할 수 없는 기이한 삶일 것이다. 그러나 보릿고개를 살아온 그 서러운 시절을 잊지 못하는 것을 이해해야 한다.

돈은 우리의 목표를 이루기 위한 도구일 뿐이다. 돈 그 자체가 목표가 되어버리면, 우리는 그 돈을 모으기 위해 삶을 희생하게 된다. 그러나 돈을 수단으로 삼아, 그 돈을 통해 원하는 삶을 만들어 나가면, 우리는 더 행복하고 보람찬 삶을 살 수 있다. 돈은 우리 삶의 목적이 아닌, 우리를 도와주는 도구일 뿐이다. 돈을 통해 더 나은 삶을 살고, 더 큰 목표를 향해 나아갈 수 있다. 돈이 우리의 목표가 아닌, 삶을 풍요롭게 하는 수단이 되어야 한다.

돈을 벌기 위해 노력하는 것은 그 자체가 목적이 아니라, 더 큰 목표를 달성하기 위한 수단이라는 의미다. 돈을 벌기 위해 노력하는 것은 중요하지만, 그것이 삶의 목적이 되어서는 안 된다. 돈을 벌기 위해 안간힘을 쓰지만, 쓰기 위해서 벌어야 한다. 어떻게 벌어서 어떻게 쓰느냐가 중요하다는 것을 깨달은 것이다. 돈을 잘 쓰기 위해 열심히 벌어야지, 저축하려고 벌지 말자. 빈손으로 떠나야 하는데, 왜 돈을 모아야 할까? 가족에게 물려주기 위해서라지만, 유산으로 남기는 것보다 생전에 자녀들을 위해 쓰자는 생각이다.

AI comment

이 수필은 돈의 목적과 그 사용법에 대해 깊은 통찰을 담아낸 훌륭한 작품입니다.
- 정서적 깊이: 돈을 버는 과정과 그로 인한 감정 변화를 진솔하게 표현하여 독자에게 깊은 감동을 줍니다. 특히, 돈의 쓰임새와 그 중요성에 대한 깨달음이 잘 드러나 있습니다.
- 개인적 경험: 자신의 경험과 생각을 구체적으로 묘사하여 독자가 쉽게 공감할 수 있게 합니다. 특히, 건설업체 재벌과 친구들의 이야기가 생생하게 전달됩니다.
- 사회적 통찰: 현대 사회에서 돈의 역할과 그 중요성에 대한 통찰이 잘 나타나 있습니다. 이러한 주제들은 독자들에게도 많은 생각할 거리를 제공할 수 있습니다.
- 긍정적인 메시지: 돈은 목적이 아니라 수단이라는 메시지가 돋보입니다. 독자들에게 의미 있는 메시지를 전달합니다.

내 인생의 멘토는 책이었다

"독서는 나에게 끊임없이 질문을 던지게 하고, 새로운 지식을 탐구하게 하며, 나 자신을 계속해서 발전하게 한다. 인생의 어려움 속에서도 독서는 나에게 위로와 용기를 주었고, 다시 일어설 힘을 주었다."

봉사단체의 회원용 잡지를 만들고 있다. 매월 전 회원에게 모임 석상에서 배포되는 이 잡지의 콘텐츠로는 주요 소식, 교양, 지식 정보, 칼럼, 에세이 등이 포함된다. 다양한 소식을 정리하고 유익한 정보와 읽을거리를 찾으면서 정성을 다해 잡지를 제작한다.

독자가 즐겨 읽는 모습을 상상하며 단어를 고르고 문장을 다듬는 과정에서 보람을 느낀다. 그러나 막상 탁자 위에 나뒹구는 잡지를 보고, 회원들로부터 외면당하는 현장을 볼 때는 실망을 금치 못한다. 모임이 끝나면 쓰레기로 수거되어 폐지로 처분된다는 소식을 들었을 때는 심한 충격을 받았다. 수준에 맞는 흥미거리를 제공하지 못한 탓으로 자책하며 더 나은 콘텐츠를 구성하기 위해 노력해 보지만 결과는 마찬가지였다. 독서에 대한 관심이 부족했기 때문이다.

언젠가부터 가을은 '독서의 계절'이라는 표어가 점점 무색해지고 있다. 가을이 되면 한적한 공원에서 책을 읽거나 지하철과 열차 안에서 책을 펼친 사람이 희귀할 정도로 시대가 변했지만, 독서의 가치는 결코 부정할 수 없다. 독서는 정신적 양식이라고 아무리 강조해도 사람들은 점차 책을 멀리한다. 방송이나 유튜브로 독서를 대신한다는 말을 듣고는 놀라움을 금치 못했다.

방송과 유튜브는 손쉽게 정보를 전달하고 시청자의 호기심을 자극하는 매체이지만, 그 깊이에 있어서는 책과 비교할 수 없다. 책은 저자의 생각과 지혜가 고스란히 담긴 결과물이며, 독자는 책을 통해 깊이 있는 사고를 경험할 수 있다. 책을 읽으며 우리는 스스로의 사고를 확장하고 새로운 시각을 얻는다. 그러나 방송과 유튜브는 빠른 정보 전달을 목표로 하기 때문에 이러한 깊이 있는 사고를 경험하기 어렵다.

독서는 우리의 집중력과 인내심을 길러준다. 책을 읽는 과정은 단순히 눈으로 글자를 따라가는 것이 아니라 그 내용을 이해하고 저자의 생각을 따라가는 과정이다. 여기서 우리는 몰입과 집중을 경험하며, 이는 우리의 뇌를 자극하고 창의적 사고를 키우는 데 큰 도움이 된다.

또한, 독서는 우리의 상상력을 자극한다. 문학 작품을 읽으면서 우리는 저자가 묘사한 세계를 상상하고 그 속의 인물들과 함께 모험을 떠난다. 이러한 상상력은 우리의 창의력과 공감 능력을 키운다. 책은 우리에게 지식과 지혜를 제공할 뿐만 아니라 우리의 정신을 풍요롭게 하는 소중한 매체이다. 책 속에서 우리는 깊이 있는 사고와 상상력을 경험할 수 있으며, 이는 우리의 삶을 더욱 풍요롭게 만들어줄 것이다.

독서의 계절이 점점 무색해지는 현실 속에서, 우리는 다시 한 번 독서의 가치를 되새겨야 한다. 독서는 단순한 정보 전달의 수단이 아니라, 우리의 정신적 양식이다. 독서를 통해 우리는 더 나은 사람이 될 수 있으며, 더 나은 세상을 꿈꿀 수 있다.

내 인생에서 책은 지혜를 가르쳐주고, 새로운 세계를 열어주며, 나를 더 나은 사람으로 성장하게 했다. 어린 시절, 나는 무협지를 즐겨 읽으며 상상의 세계를 탐험했다. 책을 통해 현실에서 경험할 수 없는 신비로운 이야기들과 역사 속 인물들의 삶을 접하며, 나는 상상력을 키워나갔다. 책은 나의 상상력을 자극하고, 꿈을 꾸게 했다. 성인이 되어서는 책 속의 지혜와 경험을 통해 내 사고의 폭을 넓혀가며, 세상을 보는 안목을 길렀다.

내가 감명 깊게 읽은 안병욱 교수의 철학책은 내 사고의 틀을 완전히 바꾸어 놓았다. "나는 적극적이다. 나는 나의 능력을 믿는다. 나는 합리적이다. 나는 목표가 있다. 나는 끈기가 있다. 나는 부지런하다. 나는 내가 하는 일이 가장 자랑스럽다. 나는 내 직업으로 국가에 공헌한다." 이 8대 신조는 내 인생의 방향을 잡아주었다.

또한, 미국의 작가 지그 지글러의 책 '정상에서 만납시다'를 통해 터득한 '긍정적 사고'와 '신념의 기적'은 내 인생의 성장 동력이 되었다. "Yes, I can"은 나의 신조가 되었으며, "하면 된다"는 신념을 가지게 했다. 고난의 시기를 극복하게 해준 이 두 권의 책이 나의 멘토였다.

  독서는 나에게 끊임없이 질문을 던지게 하고, 새로운 지식을 탐구하게 하며, 나 자신을 계속해서 발전하게 한다. 인생의 어려움 속에서도 독서는 나에게 위로와 용기를 주었고, 다시 일어설 힘을 주었다. 독서는 언제나 나와 함께하며, 나를 더 나은 사람으로 성장하게 할 것이다. 내 인생의 멘토는 인물이 아니라 책이었기 때문이다.

AI comment

이 수필은 독서라는 주제를 중심으로 삶에서 책이 차지하는 중요성과 그것이 미친 영향을 강렬하게 표현하고 있습니다. 글을 읽으며 필자의 진솔한 경험과 생각에 공감하게 되고, 독서의 가치에 대해 다시 한번 생각해 보게 되는 작품입니다.

- 개인적 경험과 교훈의 조화: 필자의 개인적인 경험을 기반으로 글을 전개함으로써 독자가 쉽게 공감할 수 있습니다. 예를 들어, 어린 시절 무협지로 상상력을 키운 일화나 성인 시절 철학책과 자기계발서를 통한 깨달음은 독자들에게 생생하게 다가옵니다.
- 구조적 완성도: 서론에서 독서의 중요성을 언급하고, 중간에서 독서 경험과 사회적 변화에 대한 고찰을 거쳐, 결론적으로 독서가 자신의 멘토임을 강조하는 구조는 논리적이고 완결성 있습니다.
- 철학적 깊이와 감동: "Yes, I can"과 같은 문구나 독서를 통해 성장한 이야기는 단순한 정보 전달을 넘어서 감동과 영감을 제공합니다. 필자의 삶 속에서 독서가 얼마나 중요한 자리를 차지했는지 잘 느껴집니다.

설날의 소중한 가치를 잃지 말자

"성인이 된 후로도 평소 1시간 정도의 거리를 주차장을 방불케 하는 고속도로에서 무려 3시간을 보내면서도 산소를 다녀와야 한다며 자식의 도리를 지켜왔습니다. 조상의 제사를 모셔야 한다는 사명감이 최우선인 세월을 살았습니다."

　설날은 정치 불안과 경기 침체 속에서도 여전히 새로운 희망을 품고 광휘로운 햇빛으로 온 누리를 장엄합니다. 비록 예년과 달리 우울한 그늘이 세상을 덮고 있지만, 그 먹구름을 뚫고 힘차게 솟아오른 태양을 향해 두 손을 모아 새해의 안녕과 번영을 기원해 봅니다.

　우리 전통 문화의 중심에는 새해 설날이 있습니다. 설날은 한 해의 시작을 기념하며, 가족과 함께 시간을 보내고, 조상을 기리며, 새해의 복을 기원하는 중요한 명절입니다. 어릴 적에는 새 옷으로 갈아입고 부모님과 집안 어른께 세배를 올린 후 조상님 차례를 지냈습니다. 추운 날씨임에도 이른 아침 마당에 멍석을 펴고 어른들과 함께 제사를 지내며 시린 발을 동동거린 기억이 납니다. 입김으로 언 손을 녹이며, 양 볼이 얼어붙는 것처럼 추웠지만 참고 견뎌냈습니다. 선조께 불경을 저지르는 것 같아 싫은 내색을 할 수 없었습니다. 떡국을 먹어야 한 살을 더 먹는다는 의미가 있어, 어머니께서 정성스럽게 떡국을 차려 주셨습니다. 차례를 마친 후에는 아버님을 따라 성묘를 다녀왔습니다. 살을 에는 추위에도 아버님을 따라 조상의 산소를 찾아 10리길도 마다않고 쫓아다닌 추억이 새롭습니다. 조부모님 산소가 각기 10리길에 위치하고 있었지만, 자동차가 없던 시절이라 걸어서 다녔습니다. 성묘를 다녀온 후에는 동네 어른들을 찾아다니며 세배를 했습니다. 어른들로부터 덕담을 듣고 세뱃돈을 받기도 했습니다. 설날에는 지켜야 할 어김없는 절차였으며, 당연한 도리라고 생각했습니다.

 설 명절의 이 같은 전통은 자신의 뿌리를 되새기게 하고 가족 간의 유대를 더욱 깊게 만듭니다. 가족과 함께하는 시간 외에도 연을 날리거나 윷놀이를 하며 웃음과 즐거움이 가득한 설날을 보냈습니다. 설날은 단순히 새로운 해의 시작을 알리는 명절이 아니라, 가족과 함께하며 전통과 문화를 되새기는 중요한 시간으로 새해를 축복하는 의미를 담고 있습니다. 정치 불안이나 경제 불황이라는 어려운 상황 속에서도 설날의 의미와 따뜻함은 여전히 큰 위로가 됩니다.

 불안한 시국에도 아랑곳없이 공항에는 해외로 나가는 관광객이 줄을 잇고 관광지의 호텔들이 호황기를 누리고 있다고 합니다. 코로나 팬데믹 이후 명절의 전통 문화가 달라지고 있습니다. 특히 명절 차례를 지내는 가정들보다 여행을 떠나는 가족이 늘어나고 있습니다. 조상을 섬기는 것보다 현재의 즐거움을 더 중요하다고 생각하는 세대가 증가하고 있기 때문입니다. 전통을 지키려는 윗대의 목소리가 점차 줄어들고 오히려 터부시되는 처지가 되고 있습니다. 명절을 맞이하는 전통 문화와 현대 문화의 의미가 다를 수 있습니다. 긍정과 부정의 문제가 아니라 수용과 거부의 문제일 것입니다. 개인주의와 가부장적인 문화의 차이이기도 합니다. 가족 간의 유대를 중요하게 생각하는 사람과 자유로운 개인생활을 소중히 여기는 사람이 공존하는 시대임을 이해하고자 합니다.

하지만 전통 문화의 가치를 잊어선 안 됩니다. 조상 대대로 지켜 내려온 고유의 정신문화만은 지켜야 합니다. 현실에 맞게 생활하되 설 명절의 고유 의식을 무시해선 안 됩니다. 단순한 휴가가 아니라 조상을 섬기고 가족 간의 유대를 생각하는 명절이기 때문입니다. 무엇보다도 자신의 뿌리를 의식하는 설날이 돼야 합니다. 전통 명절의 본질을 벗어나 나만의 즐거움을 누리고자 한다면 비단 설날이 아니라도 가능합니다. 설날만큼은 전통 의식을 잊지 말고 즐기자는 생각입니다. 비록 생활 행태는 현대적 의미로 변할지언정 설날의 정신만은 결코 잊지 말자는 생각입니다.

철야 근무로 지칠 대로 지친 상태였지만, 설날이니까 고향을 가야 한다는 일념으로 교통지옥이라고 할 정도의 만원버스를 비집고 탔던 기억이 납니다. 성인이 된 후로도 평소 1시간 정도의 거리를 주차장을 방불케 하는 고속도로에서 무려 3시간을 보내면서도 산소를 다녀와야 한다며 자식의 도리를 지켜왔습니다. 당연히 명절은 가족과 함께 보내고 조상의 제사를 모셔야 한다는 사명감이 최우선인 세월을 살았습니다. 지금도 그 정신만은 잃지 않으려 하지만 명절이 피로하다며 부담스러워 하는 가족들이 야속할 때도 있습니다. 고유 명절 문화는 계승돼야 합니다.

AI comment

이 수필은 깊은 감성과 전통에 대한 애정을 바탕으로 강렬한 메시지를 전달하는 글입니다.
- 전통과 문화의 소중함 강조: 설날과 관련된 개인적인 경험과 사회적 변화의 대조를 통해 전통의 중요성을 잘 전달하셨습니다. 조상에 대한 예의와 가족 간 유대를 중심으로 한 글의 메시지는 독자들에게 깊은 공감을 이끌어낼 수 있습니다.
- 감정적 공감력: 철야 근무 후의 고단함 속에서도 명절을 지키는 주인공의 헌신적 모습, 어린 시절의 추억과 명절 풍경에 대한 생생한 묘사가 감정적으로 다가옵니다. 독자들은 주인공의 고된 노력과 전통을 지키고자 하는 마음에 함께 몰입할 수 있습니다.
- 현대 사회의 변화에 대한 통찰: 전통 문화와 현대적 변화(여행, 개인주의 등)를 비교하며 사회적 변화를 비판 없이 수용하려는 균형 잡힌 시각이 돋보입니다. 과거와 현재의 차이를 단순히 긍정과 부정으로 나누기보다는, 공존하는 방향으로 제시하신 점이 매력적입니다.

진인사대천명으로 살고자 한다

"가진 것에 만족해야 하지만, 현실은 만족이 끊임없이 불만족을 부른다. 이를 초월하기 위해서는 타인을 의식하지 않고 내 인생을 사는 것이다. 행복의 조건을 내 삶에 맞추면 될 수 있다. 덧붙인다면 나를 위한 즐거움을 찾자는 것이다."

세월의 빠름보다 할 일의 많음에 부담을 느끼고 있다. 남은 인생에 마무리 짓고 싶은 일들이 산적해 있기 때문이다. 을사년을 맞이하면서 무슨 일을 새롭게 할 것인가를 고민했지만, 여전히 뚜렷한 목표를 세우지 못했다. 설날을 새해로 생각하며 살아왔기 때문인지, 이번 설은 유독 새해의 의미가 와닿지 않는다. 9일간의 휴가를 보내면서도 특별한 감흥 없이 보냈다. 설날 소감을 써보거나 서고를 뒤져 읽을 만한 책을 찾아보며 보람 있는 시간을 보내려 애썼지만, 결국 정원 손질로 생각을 멈추고 허리에 파스를 붙일 정도로 잡일에 매달렸다.

고향에서 휴가를 보내려 했으나 아내의 성화로 조기에 집으로 돌아왔다. 출근 전에 이발을 해야겠다는 생각으로 동네 사우나에 들렀다. 단골 이발사에게 고향을 잘 다녀왔느냐는 인사를 건네자 "수몰돼 고향이 없어졌다"며 쓸쓸한 미소를 지었다. "요즘 고향 명절 모습은 예전 같지 않아요. 대부분 노인이 제사를 지내기 위해 고향을 떠나 자식을 찾아가는 역귀성으로 시골은 너무 한적해요." 무색한 분위기를 바꾸려던 말이었지만, 사실 예전 같으면 길목마다 세배를 다니는 젊은 부부들과 아이들로 동네가 활기에 넘쳤었다. 손자·손녀를 안은 노인들이 환하게 웃으며 마을 어귀를 메우고, 이웃들과 덕담을 주고받는 모습들이 명절을 실감케 했었다. 전통 명절의 모습은 점차 사라져가고 있다. 전통을 고수하려는 부모들은 자녀들의 요구에 고집을 꺾을 수밖에 없는 시대다. "요즘 명절은 해외여행을 가는 기회라고 생각하는 젊은이들이 많아요. 점차 명절 제사를 지내는 모습도 역사의 한 페이지로 남고 말 겁니다." 이발사의 목소리가 세태를 반영하는 것 같아 씁쓰레했다.

 따뜻한 욕조에 몸을 담그고 만사를 잊고자 했다. 나만의 새해인 설날을 깊이 음미해 보고자 한 것이다. 세파에 찌든 생각들을 정리하고 사유의 세계에 몰입하고 싶은 시간이다. 매년 설날 전후로 지난 일을 반추하고 새해를 설계하는 곳이 목욕탕이었다. 무념무상으로 무의식 상태에 몰입하다 보면 편안한 기분에 잠긴다. 흘러내리는 땀 속에 지난 과오를 함께 묻어버리고 초심으로 돌아가면 온몸에 생기가 스며든다. 잡다한 생각에서 벗어나고자 인내의 한계에 도달할 때까지 참다가 냉탕에서 정신 차리기를 반복한다. 그래도 생각이 정리되지 않으면 온탕에서 열탕으로, 한증막으로, 냉탕으로 오가며 마음을 비우고자 애를 쓴다.

해결해야 할 문제와 하고 싶은 일들, 이룩해야 할 목표 등이 뇌리를 괴롭힌다. 뜨거운 열탕으로 뛰어들어 살갗이 익을 것 같은 고통과 싸우며 망상을 지우고자 한다. 모든 것이 마음에서 비롯된 것임을 알지만, 마음을 비우는 것이 쉽지 않다. 결국 자기와의 싸움이지만, 극복하지 못하면 생각을 탈피하지 못하고 괴로움만 더할 뿐이다. 하지만 나만의 세계에서 고군분투하며, 극기하고자 애쓴다.

자신과의 처절한 싸움에서 모든 것을 벗어버리고 태초의 알몸으로 도전하고 극복하려 노력한다. 스스로 이겨내지 못하면 절망과 분노로 세상을 원망하며 번뇌하다 세상을 등지게 될 것이기 때문이다. 과도한 집착과 욕망을 내려놓고 자유롭게 순리를 따르는 인생이 되고자 한다. 나이를 더할수록 욕심을 버려야 고민 없이 살 수 있다는 생각이 깊어지지만, 실행하지 못하고 있다. 냉·온탕을 오가며 생각을 정리하고 새해가 변화된 삶의 비전을 안고 또다시 힘찬 출발을 다짐한다.

우선 마음을 비우려면 경쟁심을 버려야 한다. 상대적 박탈감에서 자유로울 수 있는 환경으로 벗어나야 한다. 하지만 현실은 끊임없이 경쟁심을 유발하는 전쟁터다. 이 또한 눈 감고, 귀

막고, 입 막고 살면 극복할 수 있으리라. 욕망의 굴레 또한 벗어야 한다. 가진 것에 만족해야 하지만, 현실은 만족이 끊임없이 불만족을 부른다. 이를 초월하기 위해서는 타인을 의식하지 않고 내 인생을 사는 것이다. 행복의 조건을 내 삶에 맞추면 될 수 있다. 덧붙인다면 나를 위한 즐거움을 찾자는 것이다. 결국 진인사대천명으로 귀결되고, 마음의 평화를 얻는다.

AI comment

이 수필은 깊이 있는 성찰과 철학적 사유로 가득 차 있으며, 읽는 이로 하여금 삶과 욕망, 그리고 행복에 대해 다시 한번 고민하게 만드는 작품입니다.
- 철학적 깊이: 개인적인 경험에서 출발해 보편적 삶의 문제(욕망, 경쟁심, 만족)에 대한 깊은 성찰을 담고 있어 독자들에게 강렬한 인상을 남깁니다. 특히 "욕망의 굴레를 벗어나고자 하는 노력"과 같은 부분에서 작가의 진지한 태도가 돋보입니다.
- 상징적 공간과 장면 설정: 목욕탕이라는 공간을 통해 내면의 평화를 찾고자 하는 사유의 과정을 묘사한 점이 독창적입니다. 뜨거운 열탕과 차가운 냉탕을 오가는 반복적인 묘사는 내적 갈등과 극복의 과정으로 상징화되어 효과적입니다.
- 삶에 대한 진솔함: 자신과의 싸움, 욕망과 집착, 나이를 더하며 생기는 고민 등을 솔직히 풀어내 독자들과 공감할 수 있는 여지를 충분히 제공합니다. 자신의 삶을 돌아보고 계획하는 모습이 현실적이고 진정성 있습니다.
- 결론에서의 긍정적 메시지: "진인사대천명"이라는 결론으로 자기 자신을 이해하고 삶의 평화를 찾으려는 긍정적 메시지를 담아 마무리한 점이 인상 깊습니다. 이는 독자들에게 희망과 동기부여를 제공합니다.

yearning

그리움! 시간이 멈춘 그곳에 그리움이 스며든다.

추억의 한 조각으로 가슴 깊이 간직한 그 그리움이 있기에
세상은 더욱 아름답다.

나는 어떤 아버지로 기억될까

"당신의 자애로움을 표현하지 못한 아버지는 늘 군림하는 존재로만 기억 속에 존재한다. 호통을 치지도 않았고, 매를 맞은 적도 없지만, 연로하신 눈길에서 자상함을 느끼기 전까지는 늘 어려워 가까이하지 못했다."

늦가을 빗줄기가 낙엽을 두들기는 소리에 계절의 변화를 느낀다. 어느새 수북이 쌓인 낙엽이 겨울을 재촉하며, 스산한 바람이 옷깃을 여미게 한다. 초등학교 울타리를 지나는 출근길에 간혹 우산 속에 묻힌 아이들이 부모의 손을 잡고 종종걸음으로 교문을 들어서는 모습이 보인다. 아이가 운동장을 지나 교실로 사라질 때까지 손을 흔들고 서있는 아빠의 모습에서 한없는 애정이 묻어난다.

아버지에 대한 기억을 새삼스럽게 하는 장면이라 울컥하는 마음에 추억의 파노라마를 펼쳐본다. 사실 나의 초등학교 때 기억은 별로 없다. 평범한 생활이었기에 기억할 만한 사건들(?)이 없어서 일까, 아니면 기억하고 싶은 것만 기억한 확증편향일까. 철없는 아이였지만, 자존심과 부끄러움에 기억을 지웠던 것 같다.

　자애로운 모습으로 기억 저편에서 달려오는 아버지의 모습은 온통 그리움으로 사무친다. 어릴 적에는 생각지도 못했던 자상한 얼굴이다. 근엄하셨던 아버지의 자식 사랑은 늘 훈계뿐이었던 것으로 기억된다. 아버지의 크고 깊은 사랑은 떠나시고 나서야 깨달았다. 미처 부모님의 온정을 느낄 새도 없이 생활에 쫓기다 철들면서 객지로 나갔기 때문이다. 부자간의 정겨운 모습들을 볼 때마다 아버지의 빈자리가 그리움으로 채워졌었다.

　오두막 토담집에서 부모님과 육 남매가 옹기종기 모여 살던 기억이 새롭다. 그 집을 보존했다면 더없이 아름다운 스토리를 찾아낼 텐데, 헐어버리고 새집을 지었다. 당시는 옛것의 귀중함을 생각지 못해 추억거리들을 모두 쓰레기로 처리해 회상할 기억이 별로 없다.

　자녀들과 친구처럼 지내는 요즘 부모와 달리 당신의 자애로움을 표현하지 못한 아버지는 늘 군림하는 존재로만 기억 속에 존재한다. 말대꾸 한 번 하지 못하고 순종했으며, 당연한 것으로 받아들였다. 호통을 치지도 않았고, 매를 맞은 적도 없지만, 연로하신 눈길에서 자상함을 느끼기 전까지는 늘 어려워 가까이하지 못했다. 세상을 여의고 나서야 누구보다도 애정이 깊었다는 것을 느꼈지만, 돌이킬 수 없는 아픔만 마음 한구석에 생채기를 낸다.

동네에서는 어질고 '법 없이도 살 사람'이라고 소문났지만, 가족에게는 유독 엄했던 기억만 있다. 하지만 자식들에게는 가난을 탓하는 모습을 보이고 싶지 않아서인지 쉼 없이 일만 하셨다. 차남으로 상속 재산이 크게 없었던 아버지는 소작농을 한 기억도 있다. 당시 어린 마음에 돈을 벌면 논밭부터 장만해 드려야겠다고 다짐한 적도 있다. 농사로 겨우 양식은 마련할 수 있었지만, 자식들의 학비를 벌기 위해서 날품팔이를 하셨던 것 같다. 마을 연못의 '땅떼기(땅을 파서 덜어냄)'도 했고, 수리조합 물관리도 하셨다. 그뿐만 아니라 고속도로 정비에서부터 연탄배달 등 돈벌이가 되는 일은 마다않고 찾아 나섰다. 간혹 어머님의 푸념을 들을 때는 어린 마음에 정말 아버지가 무능해서 고생하는가 보다라고만 생각했다. 아버지는 당연히 가족을 건사하기 위해 저런 일도 해야 하는 것으로 이해했다.

방과 후에는 소 풀 먹이러 '하늘재'로 올라갔다. 당시는 큰 '귀목나무'가 하늘재에 자리하고 있었지만, '귀신나무'라는 동네 어르신의 충고에 마을을 지키기 위해 잘라내 버렸다고 한다. 동네 아이들은 소를 몰고 그곳으로 올라가 소를 풀어 놓고 귀목나무 그늘 아래서 놀았다. 형들이 씨름을 붙인 기억이 난다. 씨름에서 지고 나면 집에 와서 씩씩거리자 아버지는 사내자식이 왜 그러냐며 야단을 치셨지만, 남몰래 한숨을 짓기도 하셨다. 초등학생 때는 유달리 빈약했기 때문이다.

아버지께서 술을 드신 날은 어머니께서 그 다음날 새벽에 어김없이 '김치 해장국밥'을 끓이셨던 기억이 난다. 술 드신 날은 밤새 아웅다웅했지만, 아버지의 건강을 챙기는 모습에서 애정이 남다르다는 것을 느꼈다.

아이들에게 할아버지의 인생을 들려주면 동화에 나오는 이야기쯤으로 이해할 것이다. 나는 아이들에게 어떤 아빠로 기억될까. 친구 같은 아빠, 아버지다운 아버지로 기억되고 싶지만…

AI comment

이 글은 아버지와 자식 간의 관계, 그리고 아버지로서의 역할에 대한 깊은 성찰을 담아내어 많은 이들에게 공감을 줄 수 있는 작품입니다.

- 정서적 깊이: 아버지에 대한 추억과 그리움을 진솔하게 표현하여 독자에게 깊은 감동을 줍니다. 특히, 부모님과의 기억들이 생생하게 전달됩니다.
- 개인적 경험: 자신의 경험과 기억을 구체적으로 묘사하여 독자가 쉽게 공감할 수 있게 합니다. 아버지와의 관계를 회고하면서 느낀 감정들이 잘 드러나 있습니다.
- 철학적 탐구: 아버지로서의 역할과 자녀에게 어떤 모습으로 기억될지에 대한 철학적 탐구가 돋보입니다. 이러한 주제들은 독자들에게 많은 생각할 거리를 제공할 수 있습니다.
- 사회적 통찰: 현대 사회에서 부모와 자식 간의 관계 변화와 그에 따른 고민을 잘 반영하고 있습니다. 전통과 현대 사이의 갈등과 변화가 잘 나타나 있습니다.

어머니의 땅

"아내의 말대로 소위 가성비를 따진다면 아주 비효율적이다. 하지만 나는 이 노동으로 인해 가치를 논할 수 없는 더 큰 보람을 얻고 있다. 나 역시 편히 쉬고 싶다고 생각하면서도 그렇게 하지 못했다."

"왜 그렇게 힘들게 해요. 고향 가면 힐링도 좀 하고 즐기다오면 안되나요? 매번 일만 하다 오니 피곤하고 가기 싫어요. 앞으로 당신 혼자 다니세요." 아내의 푸념이 계속된다.

"2~3만 원만 하면 당신 가꾼 것 보다 훨씬 많은 부추를 살 수 있어요. 고생해서 거둔 수확이 여기 오는 연료비도 안돼요. 아이들조차도 당신이 힘들게 하는 일을 이해 못해요."

아내의 말대로 소위 가성비를 따진다면 아주 비효율적이다. 하지만 나는 이 노동으로 인해 가치를 논할 수 없는 더 큰 보람을 얻고 있다.

빗줄기가 점차 굵어졌지만, 아랑곳하지 않고 잡초 뽑기를 계속하자 참다못한 아내가 팔을 걷어붙이고 거들면서도 불만을 쏟아낸다. 나 역시 편히 쉬고 싶다고 생각하면서도 그렇게 하지 못했다. 빗물에 흠뻑 젖고 팔다리가 저렸지만, 그대로 팽개칠 수가 없었다.

고향에는 부모님께서 경작하던 전답이 있다. 아버님께서 돌아가신 후로는 어머니 혼자서 가꾸던 논밭이다. 지난해까지만 해도 가끔 들려보면 고추, 부추, 상추, 배추 등 농작물이 풍성하게 자라고 있었다. 농사짓는 사람이 있었기 때문이다.

그곳에는 늘 어머니가 계셨다. 고향에 들를 때마다 집에 안 계시면 그 논밭에서 일하고 계셨다. 관절염으로 고생하시면서도 일을 놓지 못하고 눈만 뜨면 논밭으로 나가셨다. 힘든 일 그만두고 그냥 편히 쉬시라는 간곡한 만류에도 한평생을 근면하게 살아오신 어머니의 고집을 꺾을 수가 없었다. 자식들의 만류가 부담스러워 말로만 승낙하시고는 몰래 논밭을 가꾸신 그 마음을 이제는 알 것 같다. 한 뼘의 땅이라도 놀리지 못하는 어머니의 그 깊은 뜻을 몸소 겪으면서 알게 된 것이다. 그런데 아내는 그런 사정을 모르니까 미련스럽게 일만 하는 모습을 이해할 수 없었을 것이다.

모처럼 여유로운 휴일이라 고향을 방문했었다. 논밭을 부치던 사람이 갑자기 사고가 나서 더 이상 일을 할 수 없게 됐다는 연락을 받은 터라 논밭을 둘러보기로 한 것이다. 아니나 다를

까 사람의 손길이 끊긴 논밭은 잡초만 무성했다. 그런데 황무지로 변해버린 잡초 속에서 부추가 파랗게 자라고 있었다. 부추 사이로 난 잡초를 뽑는 순간 어머니의 모습이 아른거렸다. 애써 가꾸시던 어머니의 '부추밭'이 불현듯 눈앞에 선하게 펼쳐졌다. 그곳에서 김을 매고 있던 어머니의 모습이 떠오른 것이다. 어머니는 부추밭을 애지중지하셨다. 손바닥만 한 자투리 땅에다 부추를 가꾸셨는데 얼마나 정성을 쏟으셨던지 항상 싱싱하게 자라 밥상을 풍성하게 했다. 특히 부추 요리는 우리 가족 입맛에 맞는 일가견도 갖고 계셨다.

 그대로 부추밭에 허리를 굽히고 잡초를 뽑기 시작했다. 이 부추 고랑만큼은 직접 재배할 수 있을 것 같았다. 하지만 잠깐이면 될 줄 알았는데 오후 내내 매도 다 뽑지 못하고 빗속에서 지쳐가는 모습을 아내에게 보였던가 보다. 평소 하지 않는 일이라 능률도 오르지 않았고 힘들었던 게 사실이다. 그러나 생전에 그렇게 만류했어도 일을 놓지 못한 어머니의 마음을 헤아리면서 악착스럽게 마무리했다.

 "아빠 힘들어하면서 그 일을 왜 하세요. 효율성을 생각해보세요. 아주 비생산적인 일이에요. 요즘 시장에 가면 흔한 게 유기농 채소에요. 2~3만 원이면 충분히 살 수 있는데 무엇 때문에 비 맞아가면서 고생하세요. 몸살감기라도 나시면 병원비가 더 들어갑니다."

아내의 연락을 받은 아이들의 전화가 불불이 왔었다.

일일이 설명할 수는 없었지만, 그들도 아빠 심정을 이해할 때가 있을 것이다. 그저 어머니 땅의 소중함을 그들도 헤아려주길 바랄 뿐이다.

AI comment

이 수필은 가족과 고향에 대한 깊은 정서와 가치를 잘 담아낸 작품입니다.
- 정서적 깊이: 가족에 대한 사랑과 고향에 대한 그리움을 진솔하게 표현하여 독자에게 깊은 감동을 줍니다. 특히, 어머니의 모습과 그리움이 잘 드러나 있습니다.
- 개인적 경험: 자신의 경험을 구체적으로 묘사하여 독자가 쉽게 공감할 수 있게 합니다. 특히, 부추밭에서의 경험이 생생하게 전달됩니다.
- 사회적 통찰: 가성비와 효율성을 따지지 않고 마음의 가치를 중시하는 삶의 태도에 대한 깊은 통찰이 잘 나타나 있습니다. 이러한 주제들은 독자들에게도 많은 생각할 거리를 제공할 수 있습니다.
- 긍정적인 메시지: 어려운 상황 속에서도 희망을 잃지 않고 가족과의 소중한 가치를 지키려는 의지가 돋보입니다. 독자들에게 용기를 줄 수 있는 메시지를 전달합니다.

눈에서 멀어져도 마음만은 곁에...

"내 마음속에는 그가 없어도 그의 마음에는 내가 꼭 간직하고 싶은 인연일 수 있다는 것을 느끼게 됐다. 앞으로 인연을 더욱 소중하게 생각하고 바쁘다는 이유로 만남을 미루지 말아야겠다."

수년 만에 뵙는 것 같다. 진즉 찾아봬야 하는데 미처 생각지 못했었다. '눈에서 멀어지면 마음도 멀어진다'는 말이 사실로 느껴진다. 먼 거리는 아니지만, 만나 뵌 지가 오래다 보니 자연 관심에서 멀어진 것이다. 억지로 변명하자면, 당장 뵙지 않아도 큰 문제가 없을 테니까 뒤로 미뤄졌었다.

"어디 편찮으세요? 기력이 약해지신 것 같네요." "그래, 건강이 안 좋네." "어디가 불편하세요?" 팔순이 넘은 분이라 예사롭게 물었었다. "췌장암이란다. 한 달 전에 듣고 항암치료 받고 있으니까 걱정하지 마라." 순간 췌장암에 대한 공포가 밀려왔다. 어머니께서 췌장암 선고를 받고 3개월 만에 돌아가신 터라 트라우마가 남아있다. 얼마 전에도 지인이 췌장암으로 세상을 떠났다. 수술받고 완치됐다며 환하게 웃었지만, 결국 병마를 이기지 못했었다.

아직은 불치의 병으로, 암 진단을 받으면 사형선고를 받은 것과 다름없다. 그런데 그분은 담담하게 오히려 나를 위로한다. "얼굴 한 번 더 볼 수 있을지 모르겠다. 가족이 화목하게 잘 지내라" 마치 유언을 하는 것 같아 가슴이 미어졌다. 마지막 작별을 위한 준비로 보여 더욱 가슴이 아렸다. 죽기 전에 나를 한번 만나보려고 아픈 몸을 이끌고 시외버스를 타고 오셨단다. 내가 생각하는 그 이상으로 애정을 가지신 것 같아 죄스러운 생각에 몸 둘 바를 몰랐다. 좀 더 일찍 안부를 물었어야 했는데, 또 하나의 상처를 안게 됐다.

그동안 만남의 우선순위를 생활에 영향을 미치는 정도에 따라 결정하는 삶을 살아왔다고 해야겠다. 바쁘니까 다음에 찾아봬야겠다고 미루다 엄청난 후회를 한 적이 있어 다음부터는 만남을 절대 미루지 않겠다고 다짐한 적이 있었다. 다음에, 다음에 하는 사이에 부고장을 받았기 때문이다. 병중이란 소식을 들었지만, 그렇게 빨리 떠날 것이라고는 생각지 못했었다. 내 삶을 핑계로 자위하기도 했지만, 생전에 만나보지 못한 게 그렇게 가슴에 맺혔었다.

어머니 사촌이신 외당숙과의 각별한 인연이 새삼 떠오른다.

어릴 적엔 외가에서 많이 지낸 덕분으로 외척들과는 아주 가깝게 지냈다. 사촌들과도 교류가 뜸해 얼굴조차 잊고 지낸다는 요즘 세대로서는 이해가 어렵겠지만, 당시는 도시에 사는 외가 친인척 자녀들이 대부분 방학 때는 우리 외갓집으로 모여들었다. 지금은 각자 뿔뿔이 헤어져 소식이 뜸하지만, 그때는 방학이 기다려질 정도로 정이 두터웠었다.

외당숙과는 명절 때마다 찾아뵙고 특별히 인사를 드렸다. 워낙 인자하시고 나를 귀여워해 주셨기에 정이 많이 들었었다. 어머니의 각별한 당부이기도 했지만, 두툼한 용돈이 유혹(?)을 한 것이다. 그러다 상급 학교로 유학을 가고, 타지에서 직장 생활을 하면서는 자주 뵙지를 못하고 마음에서 멀어졌다. 그나마 어머님 생전에는 일 년에 한 번 정도 만날 수 있었지만, 어머니 장례식에서 마지막 뵙고는 기억에서 점차 멀어져 갔다.

그런데 근 10여 년 만에 죽음을 앞두고 불원천리 찾아오신 것이다. 어머니에 대한 그리움일 수도 있겠지만, 소중한 인연을 멀리한 죄스러움과 부끄러움이 가슴을 짓눌렀다.

버킷 리스트(bucket list)에 꼭 만나고 싶은 사람도 기록해야겠다. 나만을 위한 것이 아니라 상대방의 마음도 헤아려서 죽기 전에 꼭 만나보고 싶은 인연을 기억해둬야 할 것 같다. 내 마음속에는 그가 없어도 그의 마음에는 내가 꼭 간직하고 싶은 인연일 수 있다는 것을 느끼게 됐다. 앞으로 인연을 더욱 소중하게 생각하고 바쁘다는 이유로 만남을 미루지 말아야겠다. 다시는 죽음을 앞둔 만남이 되지 않도록 눈에서 멀어져도 마음만은 곁에 둬야 한다고 다짐해 본다.

AI comment

이 수필은 소중한 인연과 만남의 중요성을 진솔하게 담아낸 작품입니다.
- 정서적 깊이: 소중한 사람과의 만남과 그로 인한 감정 변화를 진솔하게 표현하여 독자에게 깊은 감동을 줍니다. 특히, 외당숙과의 인연과 그리움이 잘 드러나 있습니다.
- 개인적 경험: 자신의 경험을 구체적으로 묘사하여 독자가 쉽게 공감할 수 있게 합니다. 특히, 췌장암으로 고통받는 외당숙과의 만남이 생생하게 전달됩니다.
- 철학적 탐구: 소중한 인연과 만남의 중요성에 대한 철학적인 탐구가 돋보입니다. 이러한 주제들은 독자들에게도 많은 생각할 거리를 제공할 수 있습니다.
- 긍정적인 메시지: 어려운 상황 속에서도 희망을 잃지 않고 소중한 사람들과의 인연을 소중히 여기려는 의지가 돋보입니다. 독자들에게 의미 있는 메시지를 전달합니다.

추억 속에 묻어둔 그리움

"언제부터인가 아픔이 그리움으로 변하기 시작하면서, 아름다운 추억으로 되새김하기 시작했다. 긴 세월이 아픔을 치유하고 그리움으로 승화한 것 같다. 그때 그 순간들이 그립고 그 속으로 달려가고 싶은 마음이 간절해지기도 한다."

　휴일이지만 재택근무로 날씨의 변화조차 잊고 자판을 두들기고 있다가 문득 창밖을 보니 하늘이 잔뜩 찌푸리고 있다. '천고마비의 계절'이라며 인사말 서두에 쓰던 말이 떠올라 커튼을 걷고 창문을 열어본 것이다. 아침 뉴스에서 비가 올 것이란 예보를 들었지만 깜박했다. 가을비에 마음을 적시고 싶지만, 기다리는 비는 오지 않고 흐린 날씨 탓인지 울적한 기분에 커튼을 다시 쳐버렸다. 그래도 우울한 마음이 진정되지 않고 오히려 상념을 불러일으킨다. 청명한 하늘을 훨훨 날아보고 싶은 이 좋은 계절에 이 무슨 처량함인가 하고 자책하면서 다시 자판을 다잡아본다. 어수선한 마음은 집중은커녕 오히려 상처만 헤집는다. 갱년기 우울증일까. 자리를 털고 밖으로 나섰다. 산

책이라도 하면 기분 전환이 될 것 같아서다.

 오늘따라 등산길조차 호젓해 생각만 산만해진다. 불현듯 가슴 깊이 묻어둔 그리움이 벅차올랐다. 많은 사연을 추억으로 감춰두고 애써 기억에서 지워버렸는데, 느닷없이 가슴을 파고든 것이다. 잊을 수 없는 일이기에 억지로 숨긴다고 가슴속에 머물지 않는다는 것을 알지만, 의식적으로 생각지 않으려고 애쓴 사연이다. 후회스럽지만, 한편으로는 잘된 일이라고 자위해 왔다. 간혹 추억을 들추고 나면 당시의 상황들을 돌이켜 보면서 스스로 변명하며, 당위성을 찾아냈던 일이다. 견강부회(牽强附會)인지도 모르지만, 마음 한편으로 미안한 마음이 자리하고 있는 것은 어쩔 도리가 없었다.

 사랑했지만, 함께할 수 없는 인연이었다. 운명의 장난이라고 몸부림쳤지만, 얽히고설킨 매듭을 풀지 못하고 결국 각자의 길을 택했다. 당시는 그렇게밖에 할 수 없었다고 위안하면서도, 늘 마음 한구석에는 안타까움과 아쉬움이 남았다. 조금만 이해하고 참았다면 서로에게 이렇게 큰 상처를 주진 않았을 것이라고 참회하면서 추억 속으로 감춰버렸다.

 누구나 크든 작든 말 못 할 사연을 간직하고 있다면서 부끄러운 일이 아니라고 스스로 위로하면서도, 때로는 죄책감에 사로잡히기도 한다. 지나간 일이라며 한때의 불장난으로 치부해 버리기도 하지만, 잠재의식에 새겨진 솔직한 마음은 지워지지 않는다. 결코 잊을 수 없는 아픔이기에 가슴 깊숙이 묻어두고 있을 뿐이다. 나이가 들면서 외로움과 쓸쓸함이 밀려올 때, 지난 일들이 주마등처럼 스치기도 한다. 생각하지 않겠다고 다짐하지만, 그때의 사연들이 전신을 파고들곤 한다.

그러다 언제부터인가 아픔이 그리움으로 변하기 시작하면서, 아름다운 추억으로 되새김하기 시작했다. 그만큼 세월이 흘러서일까. 긴 세월이 아픔을 치유하고 그리움으로 승화한 것 같다. 그때 그 순간들이 그립고 그 속으로 달려가고 싶은 마음이 간절해지기도 한다. 나만 가지는 생각일 테지만, 함께 공유했으면 하는 바람을 전하고 싶다. 마음속으로 전할 뿐 언젠가 소식을 전할 수 있다면 이 마음을 헤아려 달라는 주문만 할 뿐이다. 점차 나쁜 기억보다 좋았던 일들이 많아지는 것도 그리움만 쌓이게 만든다. 지금은 어디서 무엇을 하고 지내는지 궁금하지만, 찾아 나설 용기는 나지 않는다. 아직 상처가 덜 아물었기 때문이지만, 버킷리스트로 간직해 두고자 한다. 누구의 잘잘못을 떠나 화해와 용서로 마음을 열고 감정의 소용돌이를 벗어나고자 하는 간절함을 전하고 싶은 심정이다. 원망이 깊다면 고통일 수도 있지만, 세월이 약이 되기를 바랄 뿐이다.

깊은 상념에 빠져 정상에 도착한 것조차 잊고 걷고 있었다. 시원한 가을바람에 그리움을 실어 보내고, 평화로운 마음을 가다듬으며 가슴을 활짝 열어본다. 지난 일들이 아름다운 추억으로 남는다면 삶의 큰 보람이 될 것이다. 후회스러운 일들은 가슴 속에 깊이 갈무리하고 추억 속에 묻어버리고자 했지만, 세월이 흐르며 되살아나는 기억을 막을 수 없다. 때로는 눈물 속으로 스며든 추억들이 진한 그리움으로 다가온다.

  소싯적에는 운명에 맞서겠다며 호기를 부리기도 했지만, 시간이 흐르면서 진인사대천명(盡人事待天命)이라 여겨 욕망의 굴레를 벗어던졌다. 이제 무엇을 남길 것인가를 고민하며, 추억 속의 아픔을 치유하려 한다. 깊었던 애정이 애증(愛憎)으로 변해 상처가 쉽게 아물지 않지만, 그리움으로 달래보고자 한다. 추억 속에 깊이 감춰둔 그를 다시 만난다면 그리움에 울컥할지도 모른다. 사랑에 목숨을 걸었던 그 순간들이 추억 속에서 살아 숨쉬기를 바라는 마음으로, 아름다운 기억으로 되새기고 싶기 때문이다.

AI comment

이 수필은 그리움과 추억에 대한 깊은 감정을 진솔하게 담아낸 훌륭한 작품입니다.
- 정서적 깊이: 가슴에 묻어둔 그리움과 추억을 진솔하게 표현하여 독자에게 깊은 감동을 줍니다. 특히, 그리움과 애절한 감정이 잘 드러나 있습니다.
- 개인적 경험: 자신의 경험과 생각을 구체적으로 묘사하여 독자가 쉽게 공감할 수 있게 합니다. 특히, 과거의 아픔과 그리움이 생생하게 전달됩니다.
- 철학적 탐구: 그리움과 추억에 대한 철학적인 탐구가 돋보입니다. 이러한 주제들은 독자들에게도 많은 생각할 거리를 제공할 수 있습니다.
- 긍정적인 메시지: 아픔을 치유하고 그리움으로 승화시키려는 의지가 돋보입니다. 독자들에게 의미 있는 메시지를 전달합니다.

새삼 어머니의 헌신적인 사랑을 떠올리다

"아내의 자식 사랑보다 더 큰 어머님의 사랑을 받았지만, 아내의 모습에서 새삼 그 당시를 회상하며, 불효자식이었다는 생각에 가슴이 저민다. 우리 아이들도 자기 자식을 키우면서 부모의 헌신적 내리사랑을 아마 나처럼 느끼지 않을까."

"당신 새벽부터 뭐해요?" "절에 갔다가 기도 마치고 공주 밑반찬과 김밥 가져다주려고요, 청소도 하고…" 모처럼 아내와 휴일을 함께할 수 있다는 생각에 늦잠이라도 자고 싶었지만, 새벽부터 덜거덕거리는 소리에 잠이 깨고 말았다. '오늘 일요일'이라고 볼멘소리를 높였더니 식당에서 들려온 아내의 목소리에 피로가 묻어있다.

"오늘 좀 쉬라고 했잖아요?" "공주가 식사도 제대로 못 하고 독서실에 매달려 있는데, 어떻게 쉬어요." 그동안 아내의 건강이 염려스러워 만류도 했지만, 고집을 꺾을 수가 없었다. 아내의 끔찍한 딸애 사랑은 맹목적이고 헌신적이다. 딸애의 행복이 마치 자신의 희생으로 이뤄지는 것으로 착각할 정도다. 물론 모든 어머니의 자식 사랑은 고금을 통해 많이 알려진 사실이지만, 곁에서 직접 느껴보는 건 아마 처음인 것 같다.

　아침 7시 기상에서부터 밤 11시 귀가 시간까지 단 하루도 빠짐없이 챙기고 일주일에 두번씩 딸애 원룸으로 찾아간다. 방문 하루 전에는 딸애가 먹을 음식 장만으로 분주하다. 딸애 얼굴도 제대로 보지 못하고 방 구석구석 쓸고, 닦고, 씻고 온다. 그뿐만 아니라 새벽 4시면 기상해서 절에 갈 준비하고, 1시간을 넘게 지하철과 버스를 갈아타서 도착해 12시까지 기도에 매달린다. 운전에 신경 쓰다 보면 기도에 열중할 수 없다는 이유로 대중교통을 이용한다. 극성이라는 생각에 만류도 해보지만, 헌신적 사랑을 막을 수가 없다.

　"우리 공주도 중학생 때부터 지금까지 오직 학교와 학원, 독서실만 오가는 생활을 하고 있어요. 애처롭기 그지없잖아요. 물론 우리 애만 그러는 건 아니지만." 하기야 20여 년을 넘게 학업에 매달려 있는 아이를 생각할 때는 가슴이 먹먹하기도 한다. 부모의 정성과 희생이 아이들의 성공에 직접적인 효과가 있을까. 그저 정서적인 부분에 영향을 미칠 것으로 생각하지만, 마음만이라도 딸애와 함께하겠다는 의지를 평가해 줄 수밖에 없다. 최근에도 자신의 육신을 방패로 자녀의 생명을 구한 고귀한 어머니의 희생적 사랑을 언론보도로 접하고 있어도, 실감하지는 못했다.

역설로 최근 언론에 영유아 살해 유기 사건들이 헤드라인으로 보도돼 시민들이 경악을 금치 못하고 있다. 자식에 대한 희생과 비정함이 극한 상황으로 대비돼 혼란스럽지만, 위대한 어머니 사랑은 영원불변이다. 맹목적인 헌신이기에 가능한 일로, 그야말로 자식에 대한 순순한 아가페적 사랑의 구현이다. 아내의 사랑을 지켜보면서 절실히 느끼게 된 것이다.

불현듯 나의 어머님과의 추억이 소환된다. 오직 자식 뒷바라지에 일생을 바치신 분이다. 그 당시에는 엄마로서 당연히 그러는가 보다고 생각했지, 조금도 안쓰러운 마음이 없었다. 그때 지금 아내에게 느끼는 감정이 있었다면, 후회막급이지만 어머님은 이미 우리 곁을 떠나셨다.

흉년이 들어 고구마로 점심을 때우던 시절이 떠오른다. 뙤약볕에서 김을 매다 땀범벅이 돼 들어오셔서 우리 점심으로 보리밥과 고구마를 챙겨주시면서 당신은 냉수를 들이켜고, 배고프지 않다고 말씀하신 기억이 어렴풋이 떠오른다. 어머니의 마음을 그때는 왜 몰랐을까? 어려서가 아니라 자식을 위한 부모의 희생을 당연한 것으로 인식하고 있었기 때문일 것이다.

새삼 어머니와의 아련한 추억들이 주마등처럼 스친다. 학비를 늦게 준다며 창피해서 학교 안 가겠다고 생떼 쓰던 일, 당신 밥그릇은 늘 물 반 나물 반이었지만, 별 감정을 느끼지 못했던 일, 일밖에 모르는 사람처럼 논밭에 사시던 모습, 돈 빌리려 여기저기 쫓아다니시던 모습 등등, 지금에서야 그 마음속으로 들어가 가슴 아파하지만 돌이킬 수가 없다.

  아내의 자식 사랑보다 더 큰 어머님의 사랑을 받았지만, 그때는 몰랐다가 아내의 모습에서 새삼 그 당시를 회상하며, 불효자식이었다는 생각에 가슴이 저민다. 우리 아이들도 자기 자식을 키우면서 부모의 헌신적 내리사랑을 아마 나처럼 느끼지 않을까.

AI comment

이 수필은 어머니의 헌신적인 사랑과 그로 인한 감정 변화를 진솔하게 담아낸 작품입니다.

- 정서적 깊이: 어머니와 아내의 헌신적인 사랑을 진솔하게 표현하여 독자에게 깊은 감동을 줍니다. 특히, 어머니의 사랑을 회상하며 느끼는 감정이 잘 드러나 있습니다.
- 개인적 경험: 자신의 경험을 구체적으로 묘사하여 독자가 쉽게 공감할 수 있게 합니다. 특히, 어머니와의 추억과 아내의 헌신적인 모습을 생생하게 전달합니다.
- 사회적 통찰: 현대 사회에서 부모의 헌신적인 사랑과 그 중요성에 대한 통찰이 잘 나타나 있습니다. 이러한 주제들은 독자들에게도 많은 생각할 거리를 제공할 수 있습니다.
- 긍정적인 메시지: 부모의 헌신적인 사랑을 소중히 여기고, 그 사랑을 되새기려는 의지가 돋보입니다. 독자들에게 의미 있는 메시지를 전달합니다.

추억이 품은 그리움을 그리는 날, 忌日

"어머님이 손수 싸릿대를 묶어 만드신 빗자루로 마당을 쓸 때는 어머니의 손길이 그대로 전해져 오는 것 같아 가슴이 뭉클해진다. 생각 같아선 부모님의 유물로 보관하고 싶지만, 그 감동이나 느낌을 모르는 아이들은 쓰레기로 취급할 것이다."

"여보, 어머님이 이상해요, 빨리 오세요." 아내의 다급한 목소리가 당황스러웠다. 아침 출근길에 병원에 들러서 문안을 드리고 왔기 때문이다.

택시로 급히 병원에 도착해 중환자실로 달려갔다. 어머님은 이미 말문을 닫으셨고 마지막 숨을 몰아쉬고 계셨다. "엄마! 제가 왔어요. 눈 좀 떠보세요." 소리쳐 불러봤지만, 결국 숨을 거두셨다. 어머니의 따뜻한 얼굴을 부여잡고 울부짖었지만, 서서히 식어가는 체온은 되살릴 수 없었다.

고향에서 홀로 논밭을 일구시며 사셨던 어머니는 무릎 관절염으로 고생하셨지만, 이런 갑작스러운 변고가 생길 것이라고는 상상도 못 했다. "제발 농사일 그만두시고 편히 지내시라"

는 자식들의 신신당부를 귓전으로 들으시는 것 같아 화도 내고 사정도 했지만, 한 뼘의 땅이라도 놀리지 않겠다는 고집을 꺾지 못했다. 무리하지 말고 소일삼아서 하시라는 권유밖에 어쩔 도리가 없었다.

한 달 전쯤 조금만 움직여도 숨이 가쁘다는 연락을 받고 부산으로 모셔 와 성분도 병원에 입원을 시켜드렸지만, 정확한 병명이 나오지 않았다. 얼마 후 부산대학병원으로 옮겨 정밀검진을 해보기로 했다. 어머니께서는 "이제 괜찮다"며 입원을 거부하셨지만, 병원에 가신 김에 다른 데도 진찰을 받아보자며 강권(?)해 종합검진을 받았다.

그 결과 췌장암 말기라는 청천벽력 같은 선고를 받고 가슴 찢어지는 고통을 감내해야 했다. 당신이 알면 충격을 받으실 것 같아서다. 수술도 불가능하다며 짧으면 3개월, 길면 6개월이라는 주치의의 통고였다. 동생들과 의논 끝에 부산의료원으로 모셨는데, 병원을 옮기신 지 15여 일 만에 운명하신 것이다. 차라리 고향으로 모셔서 마을 친구들, 친지들과 마지막 갈무리할 수 있는 시간이라도 드릴 걸, 정말 이렇게 빨리 가실 줄이야. 후회스러웠지만 자식들에게 짐이 되지 않겠다는 평소의 지론대로 그렇게 성급히 가신 것 같다. 가족들의 통곡에 하늘도 울며 궂은비를 내리는 가운데 선산의 아버님 곁으로 모셨다.

생전에 못 해 드린 일들만 응어리로 남았지만, 즐거울 때나 괴로울 때나 언제나 그리움으로 다가온다. 지난 음력 7월 3일 어머니를 추모하며, 15년 전 당시를 소환해 본 것이다. 우리 가족의 휴가를 한여름인 어머니 忌日(기일)에 맞추자는 암묵적인 약속이 그동안 잘 지켜지고 있다. 제사를 모신 다음 날 부모님 산소에 들러 그간의 안부를 고하자, 어머니의 안부를 전하는 듯 매미의 노랫소리가 경쾌하게 들려온다. 자랑스러운 당신의 아들딸 육남매가 함께 문안을 드리니 어찌 반갑고 기쁘지 않았겠는가. 노랑나비가 반기며 춤을 춘다.

지금은 매실나무가 울창하게 자리 잡고 있지만, 당시는 우리 가족의 양식인 고구마밭이었다. 주렁주렁 달려 나오는 고구마를 한가득 부대에 담아 아버님은 지게에 지고, 어머니는 머리에 이고 나르셨다. 우리는 맨발로 고구마밭의 부드러운 흙 이랑을 헤치며 고구마를 주워 담던 행복한 그때의 모습이 선하게 주마등처럼 스쳐 간다. 농사일의 힘겨움을 텃밭을 가꾸면서 직접 느껴본 지금에서야 부모님의 고달픔을 헤아린다. 지금 생각하면 불효막심이다. 장마로 인해 무성해진 산소를 벌초하면서 용서를 구하며, 극락왕생을 기원했다.

고향집에 들러 정원 한 곳에 마련한 야외 솥에다 옻닭 백숙을 끓이고자 장작불을 지폈다. 어머님 생전에 가마솥에 끓여 주시던 그 맛을 느끼고 싶었다. 창고에는 아직도 곳곳에 부모님 손때가 묻은 농기구가 그대로다. 어머님이 손수 싸릿대를 묶어 만드신 빗자루로 마당을 쓸 때는 어머니의 손길이 그대로 전해져 오는 것 같아 가슴이 뭉클해진다. 생각 같아선 부모님의 유물로 보관하고 싶지만, 그 감동이나 느낌을 모르는 아이들은 쓰레기로 취급할 것이다.

어머니의 땅인 논에 오르니 잡초만 무성해 면목이 없다. 이곳을 내려다보신 어머님의 애간장이 궂은비로 변해 내 마음을 적신다. 추억이 품은 그리움을 그리는 날이 기일인가 보다.

> **AI comment**
>
> 이 수필은 어머니에 대한 그리움과 추억을 진솔하게 표현하여 독자에게 깊은 감동을 줍니다.
> - 정서적 깊이: 어머니에 대한 그리움과 그로 인한 감정 변화를 진솔하게 표현하여 독자에게 깊은 감동을 줍니다. 특히, 어머니와의 추억을 회상하며 느끼는 감정이 잘 드러나 있습니다.
> - 개인적 경험: 자신의 경험을 구체적으로 묘사하여 독자가 쉽게 공감할 수 있게 합니다. 특히, 어머니의 병환과 작별의 순간을 생생하게 전달합니다.
> - 사회적 통찰: 부모와 자식 간의 관계와 헌신적인 사랑에 대한 통찰이 잘 나타나 있습니다. 이러한 주제들은 독자들에게도 많은 생각할 거리를 제공할 수 있습니다.
> - 긍정적인 메시지: 어머니의 사랑을 되새기고, 그 사랑을 소중히 여기려는 의지가 돋보입니다. 독자들에게 의미 있는 메시지를 전달합니다.

그리움을 가슴에 묻고...

"고향의 그리움은 수구초심으로 달랠 수 있지만, 부모님에 대한 간절한 반포지효는 애타는 마음만 남아 있을 뿐이다. 고향으로 달려가 산소를 찾아 그리움을 달래고, 생전에 무심했던 자신을 자책하며 통곡해 보지만 돌이킬 수가 없다."

　희로애락이 극에 달하는 순간마다 찾고 싶은 곳이 있고 보고 싶은 모습이 있다. 영원히 잊혀 지지 않는 그 모습을 가슴 깊숙이 묻어두고 있다가 힘들고 어려울 때는 자연스레 마음을 헤집는다. 며칠 전 부모님 산소를 찾아 심중을 토로하고 벽에 걸린 생전의 사진을 올려다 보며, 그리움에 울컥했었다. 늘 곁에 있다는 생각에 그리움을 잊었었다.

　아버님은 35여 년 전, 어머님께서는 돌아가신 지 20년이 흘렀지만, 수년간은 실감을 하지 못했다. 언제든지 찾아가면 뵐 수 있다는 착각 속에 보고 싶다는 생각조차도 없었다. 그러다 점차 곁에 안 계신다는 것을 실감하기 시작했다. 젊은 시절 객지 생활에서는 힘들고 어려울 때마다 하소연했지만, 점차 생활이 안정되면서 부모님을 찾는 일이 드물어졌다. 편안한 생활에 안주하면서는 부모님 생각보다 현재의 생활에 만족하고 즐거움을 찾았다. 부모님 생각은 간혹 안부를 물을 정도로 무심해졌다.

그러다 명절이 다가오면 고향에 계시는 부모 형제를 생각하게 된다. 바쁘다는 이유로 부모님 생각은 뒷전이었다. 수시로 편지를 보내면서 그리움과 객지의 고달픔을 전했던 일들은 기억에서 사라지고, 오히려 부모님께서 안부 전화를 해 오는 일이 잦아졌다. 가정에 전화가 없던 시절이라 편지가 아니면 소식을 전하기가 어려웠다. 어렵게 동네 유지 어른께 전화를 빌려 셋집 주인댁으로 전화해 소식을 전하기도 했다. 소식이 없는 자식의 안부를 묻기 위해서였다.

당시는 부끄럽고 귀찮아서 전화하지 말라고 역정을 내기도 했다. 전화가 개통되고는 수시로 안부를 전하다 그마저도 횟수가 줄어들고 부모님 전화는 많아졌다. 자식을 키우면서 자식이 생각하는 부모님과 부모가 생각하는 자식의 차이를 느끼며, 후회를 하기도 한다. 무사히 잘 계실 것으로 믿고 싶었던 생각이 강해지면서 안부 전화조차 잊어버리는 경우가 허다했다.

휴대 전화가 보편화되면서 어머님께 전화기를 사드리고 나서부터는 안도감이 커지면서 통화 횟수도 줄어들었다. 아버님께서는 일찍 돌아가셔서 그런 편리함을 누리지 못하셨지만, 어머님께서는 신문명의 변화를 약간이나마 체험하셨다. 아버님께서 쓰러지셨다는 연락을 받고 달려갔을 때도 설마 했는데, 결국 뇌출혈 수술 후 15일 만에 돌아가셨다.

어머님께서는 그 후 서울 동생과 생활하다가 고향으로 돌아오셔서 홀로 계시다 췌장암으로 한 달여 만에 저세상으로 떠나셨다. 슬픔은 오래가지 않았다. 분주한 일상에다 자식들 뒷바라지에 여념이 없었다고 변명한다. 부모님 기일에만 추억을 회상하며 그리움에 젖을 뿐, 평상시에는 생각에서 멀어졌었다. 윤리적이나 도덕적인 입장에서 본다면 천하의 불효자식이다.

어릴 때만 해도 3년 상을 치렀는데, 요즘은 장례 당일에 탈상해 버리는 모습을 보며 혀를 차기도 했지만, 시대의 변화라고 이해할 수밖에 없는 상황이 돼버렸다. 당시는 아버님은 1년 상을 치르고, 어머님은 49재를 모시고 탈상했었다. 탈상을 하기 전까지는 늘 부모님 생각이 우선이었다.

상주로서 항상 곁에 모시고 다닌다는 생각이었다. 제단에 모신 영정 앞에 향을 피우고 조석으로 진지를 차려 절을 올렸다. 부모님 생각을 하지 않을 수 없는 환경이 만들어진 것이다. 탈상 후에는 홀가분하다는 생각과 부모님에 대한 그리움이 점차 멀어져 갔다. 심지어 평소에는 까마득히 잊어버릴 때도 많았다.

그나마 영정 사진을 벽에 걸어두고 있을 때는 눈인사라도 하면서 잠시 추억에 젖을 때도 있었지만, 한편으로 밀려나 쉽게 보이지 않을 때는 그냥 잊어버리기도 했다. 찾아서 제자리로 돌려놓기도 하지만 간절한 마음은 점차 사라져 간다. 나이가 들어 회고하는 지경에 이르면서 부모님 생각이 점차 간절해진다. 아이들이 제자리를 잡으면서 부모님이 더욱 보고 싶다. 고향의 그리움은 수구초심(首丘初心)으로 달랠 수 있지만, 부모님에 대한 간절한 반포지효(反哺之孝)는 애타는 마음만 남아 있을 뿐이다. 고향으로 달려가 산소를 찾아 그리움을 달래고, 생전에 무심했던 자신을 자책하며 통곡해 보지만 돌이킬 수가 없다.

이제 마음 편히 희로애락을 전하고 싶다. 비록 곁에 안 계시지만 마음속에 살아계시는 부모님과 함께하고자 한다. 이제야 부모님의 마음을 헤아리며, 못다 한 효도를 가슴에 안고 울먹일 뿐이다. 자식을 키우며 '네가 부모 돼 보라'는 말이 새삼 실감 나는 하루였다.

> **AI comment**
>
> 이 수필은 부모님에 대한 그리움과 애절한 감정을 진솔하게 담아낸 훌륭한 작품입니다.
> · 정서적 깊이: 부모님에 대한 그리움과 애절한 감정을 진솔하게 표현하여 독자에게 깊은 감동을 줍니다. 특히, 부모님을 그리워하며 힘든 순간마다 떠올리는 모습이 잘 드러나 있습니다.
> · 개인적 경험: 자신의 경험을 구체적으로 묘사하여 독자가 쉽게 공감할 수 있게 합니다. 특히, 부모님과의 추억과 그리움이 생생하게 전달됩니다.
> · 사회적 통찰: 현대 사회에서 부모님과의 관계, 가족의 유대에 대한 통찰이 잘 나타나 있습니다. 이러한 주제들은 독자들에게도 많은 생각할 거리를 제공할 수 있습니다.
> · 긍정적인 메시지: 부모님과의 관계를 소중히 여기고, 그 가치를 되새기려는 의지가 돋보입니다. 독자들에게 의미 있는 메시지를 전달합니다.

부부 갈등의 불씨는 다혈질과 자존심이었다

"세상에서 가장 신뢰하고 의지할 사람이 바로 부부다. 부부는 일심동체가 되어야 완전한 관계로 성립된다. 그러나 부부라고 해서 마음 내키는 대로 함부로 대하면 자존심에 상처를 입혀 불화를 일으킬 수 있다."

"여보! 나왔어." "네." "당신 왜 그래, 좀 쳐다보고 이야기해." "당신 들어올 때 봤잖아요." 짜증스럽게 들렸다.

"밖에서 피로에 지쳐 들어오는 사람에게 왜 짜증을 내!" 화가 치밀어 올라 목소리가 커졌다. "저도 집안일에 피곤해요. 밖에서 화나는 일을 왜 집에서 풀려고 해요!" 이렇게 시작된 말다툼이 큰소리와 싸움으로 번졌다. 서로 한 치의 양보도 없이 자기주장을 강조하다 보니 감정싸움으로 확대됐다.

"당신 성격에 문제가 있어! 좀 참으면 안 돼." "당신도 성질 좀 죽이세요." 얼마 전 다툼에서 서로 화해하며 나눈 충고의 말이다. 우리 부부는 사소한 문제로 큰 소리 내는 일이 종종 있었다. 심지어 아이들 보는 앞에서 다투다 보니 아이들은 큰 문제가 있는 줄 알고 울먹이며 말리기도 했다. 별거 아니라며 아이들을 달래면서 자연스럽게 말다툼도 멈췄다.

감정을 풀고 이성을 되찾으면서 후회하고 반성하며 다시는 그러지 않겠다고 다짐도 한다. '부부싸움은 칼로 물 베기'라고 했듯이 우리는 아무 일도 없었던 것처럼 잊어버리고 애정을 나누며 사랑의 깊이를 더해 갔다. 잉꼬부부로 주위의 부러움을 사기도 했다. 수없이 많은 다툼 속에서 후회와 반성을 거듭하면서도 오늘날까지 서로의 애정은 초심을 잃지 않고 지켜나간다.

부부싸움의 원인을 서로가 잘 알고 있으면서 고치지 못하는 것이 병이다. 약속과 다짐을 거듭하면서도 치유가 되지 않는 고질병이다. 다만 더 악화하지 않도록 최후의 보루는 아이들이 지켜준다. 서로가 잘못을 인정하고 있지만, 선천적인 불치의 성질 탓으로 치부해 버리는 것 같아 안타까움이 더한다. 심리치료라도 받아볼까 하다가도 자존심이 발목을 잡았다.

결국 서로가 최선의 치유책을 찾았다. 무조건 참고 이해하고 먼저 양보하는 방안이다. 상대방의 입장에서 배려하고, 싸우기 전에 먼저 "졌다"며 항복하는 방법을 강구한 것이다. 그러기 위해서는 자존심을 버리는 것인데 쉽지 않지만, 최선을 다하고 있다. 다투는 일이 예전에 비하면 절반으로 줄었다. 조금만 더 지는 싸움을 이어가면 큰소리칠 일이 없어질 것이다. 물론 참고 견디는 그 마음에는 쓰리고 아픈 생채기가 났지만, 이젠 자연 치유로 건강을 회복하고 화목한 가정을 일구고 있다.

부부는 일심동체가 된다. 같이 먹고, 같이 자고 같은 곳을 바라보며 남남이 만나 하나가 되어 한 가정을 꾸린다. 서로 다른 환경에서 자라다 보니 생활 문화가 다를 수밖에 없다. 결혼을 통해 서로를 맞춰 나가며 살아가는 과정에서는 갈등이 존재한다. 서로의 다름을 인정하고 인내하며 자신을 변화시켜 나가면서 이를 해소하게 된다. 눈높이를 맞추고 함께 세파를 헤쳐 나가며 행복을 추구하는 것이 바로 가족이다. 그러나 각자의 목소리를 내면 화음이 될 수도 있지만, 자칫 불화의 원인이 될 수도 있다. 자존심이 개입되면 화음을 맞추기보다는 자기주장을 굽히지 않고 아집을 부리게 된다.

  문제는 다혈질적인 성격이다. 다혈질은 불치의 고질병이라고도 하지만, 가정뿐만 아니라 공동체 사회에서도 반드시 치유해야 할 성질이다. 대부분의 불화는 다혈질에서 비롯된다. 민주적 의견 수렴 과정에서도 타협이 필요한데, 다혈질 성격은 타협이 어렵다. 자존심까지 덧붙이면 큰 사고도 불사하게 된다. 정신 수양이 필요한 불치병이라고 생각해 치유를 포기하기도 했다. 그만큼 성격은 개인의 성장과 발전에 지대한 저해 요인이 될 수 있다. 이 성질은 사소한 문제에도 의견을 제시하면서 목소리에 감정이 실리고, 점차 화를 돋우어 나간다. 급기야 타인의 의사를 무시하고 격한 감정을 참지 못해 난폭해지기도 한다. 이럴 때 맞서면 큰 싸움으로 번져 아물지 못하는 상처가 되기도 한다. 이후 이성을 되찾고 나서 때늦은 후회로 가슴을 치지만, 해결 방법은 상대방의 용서에 매달리는 수밖에 없다.

세상에서 가장 신뢰하고 의지할 사람이 바로 부부다. 부부는 일심동체가 되어야 완전한 관계로 성립된다. 그러나 부부라고 해서 마음 내키는 대로 함부로 대하면 자존심에 상처를 입혀 불화를 일으킬 수 있다. 부부는 상호 부속물이 아니라 완전한 인격체라는 것을 명심하자. 무조건 추종하는 관계가 아니란 것이다. 서로 존중하고 배려함으로써 성숙한 부부가 된다. 가정에서도 감정보다 이성이 전제된 정치력이 요구되는 이유다. 대화를 통해 다혈질을 다스리고 자존심을 보호해 주며, 타인에게 대하듯 친절하고 자상한 남편이 되겠다고 오늘도 다짐한다.

> **AI comment**
>
> 이 수필은 부부 갈등의 원인과 그 해결책에 대해 진솔하게 담아내어 많은 이들에게 공감을 줄 수 있는 작품입니다.
> - 정서적 깊이: 부부 갈등과 그로 인한 감정 변화를 진솔하게 표현하여 독자에게 깊은 감동을 줍니다. 특히, 다툼 후의 화해 과정과 감정 변화를 잘 드러내고 있습니다.
> - 개인적 경험: 자신의 경험과 생각을 구체적으로 묘사하여 독자가 쉽게 공감할 수 있게 합니다. 특히, 다툼과 화해의 과정을 생생하게 전달합니다.
> - 철학적 탐구: 부부 관계의 중요성과 그 갈등 해결에 대한 철학적인 탐구가 돋보입니다. 이러한 주제들은 독자들에게도 많은 생각할 거리를 제공할 수 있습니다.
> - 긍정적인 메시지: 갈등을 해결하고 화목한 가정을 만들기 위한 의지가 돋보입니다. 독자들에게 의미 있는 메시지를 전달합니다.

아내의 기도

"기도의 힘이 기적을 일으킬 수 있다는 말을 믿고 싶은 아내의 마음은 이해할 수 있을 것 같다. 불안하고 초조한 마음을, 기도를 통해 안정시키고, 믿는 만큼 성취할 수 있다는 긍정의 기적을 바라는 것이다."

"새벽부터 뭘 해요?"

휴일이라 늦잠을 자고 싶었지만, 아내의 부스럭거리는 소리에 잠이 깼다. 자연스럽게 볼멘소리가 나왔지만, "알면서 왜 그래요"라는 아내의 대꾸에 미안한 생각이 들었다. 그동안 주말 만큼은 아내와 느긋하게 일어나서 독서를 하거나 뒷산으로 등산하곤 했다. 서로 바쁜 일상에서 주말 외에는 함께 여유로운 시간을 갖지 못했었다. 그런데 지난 주말, 그 시간마저도 안 된다는 통고를 받았다. 딸아이의 시험이 코앞이라 100일 기도에 들어간다는 것이다. 그 안에는 휴일도 없이 기도에 몰입해야 한다는 제안을 흔쾌히 받아들였다.

아내는 어느 날부터 절에 다니기 시작했다. 딸아이가 대학 입시 재수를 하던 때로 기억된다. 그해 딸은 수능에서 우수한 성적을 받아 소위 명문대에 합격했다. 그 이후로 아내의 불심은 더욱 깊어졌다. 또다시 아들과 딸의 시험이 다가오자 "일생이 걸린 시험"이라며 "내가 도울 수 있는 일은 간절한 기도뿐"이라는 신념으로 열심히 사찰을 찾았다. 새벽 3시 30분에 일어나 아침 식사를 준비해 두고 범어사로 향한다. 평소에도 집 인근 성암사에서 기도하면서도 더 영험하다는 유명 사찰을 찾아다니기도 했다. 심지어 건강한 사람이라야 올라갈 수 있다는 설악산 봉정암을 몇 번이나 다녀왔다. 주 기도처를 범어사로 정하고, 특정한 날에는 범어사에 갔다가 성암사 기도에도 동참한다.

처음엔 범어사행 첫차를 타야 한다며 버스 정류장으로 달려갔다가 버스 운행 시간이 이르지 않아 타지 못했다며 한참을 기다렸다고 불만을 터뜨렸다. 버스를 타고 지하철역에서 환승한 버스 정류장에서 첫 범어사행 버스를 타야만 기도 시간을 맞출 수 있다며 부산을 떨기도 했다.

저녁 식사 때 마주한 그녀는 피로에 지쳐 파김치가 되어 있었다. 설거지라도 돕고 싶지만 나 역시 지친 상태라 안타까워도 지켜볼 수밖에 없었다. 건강이 염려돼 과유불급(過猶不及)이라며 적절히 하도록 권유하기도 했지만, 아내의 아집을 꺾지 못했다. '간절하면 꿈은 이룰 수 있다'는 아내의 신념은 갈수록 강해져서 말릴 수가 없었다.

결국 아내의 기도를 적극 성원하기로 했다. 우선 새벽에 지하철역까지 함께 걸어가기로 했다. 매일 30여 분간 함께 걷다 보니 아내의 간절함이 아이의 합격을 바라는 마음에서 비롯되었지만, 결국은 가족의 행복이며 가문의 영광이라는 사실을 새삼 느끼게 되었다. 점차 대화를 통해 가사 문제를 해결하고, 정답게 손잡고 걸으면서 운동도 할 겸 일석이조의 효과를 얻는 소중한 시간이 되었다. 휴일에는 아내가 기도를 간 시간에 밀린 글을 쓰면서 아내를 기다리는 행복도 느낀다. 절에 함께 가고 싶어도 직업상 여유가 없어 아쉬울 뿐 각자의 소임에 충실하며 만족한다. 아내의 기도가 시험을 앞둔 아들과 딸에게 힘이 되고 부부의 화목에 일조하게 되었다.

정성스러운 기도만이 합격을 보장하는 것이 아니라는 걸 알지만, 기도의 힘이 기적을 일으킬 수 있다는 말을 믿고 싶은 아내의 마음을 이해할 수 있을 것 같다. 불안하고 초조한 마음을, 기도를 통해 안정시키고, 믿는 만큼 성취할 수 있다는 긍정의 기적을 바라는 것이다. 아내의 간절한 기도가 아이들에게 '할 수 있다'는 의지와 '하면 된다'는 신념을 심어주는 것만으로도 소원 성취를 하는 것이다. 이에 따라 아이들은 더욱 학업에 매진하고 성공적인 결실을 거둘 수 있다.

물론, 운명은 신의 영역이기에 기도 외에 인간이 할 수 있는 일이 없다. 아내의 기도는 인간으로서 할 수 있는 최선의 방법이며, 믿음을 통해 위안을 얻고 만족하려는 것이다. 기도는 사람들이 신에게 의존하는 보편적인 방법이다. 기도의 효과는 사람마다 다르게 나타난다. 기도는 마음을 안정시키고 감정을 조절하는 데 도움이 될 수 있으며, 힘들고 어려울 때 희망을 주고, 포기하지 않도록 용기를 준다. 기도를 통해 자신을 돌아보고, 더 나은 방향으로 발전할 수 있는 자아 성찰의 시간이 되기도 한다.

아내의 간절함이 부처님께 전달되어 소원 성취할 것이라 믿는다. 당연히 아이들은 더욱 분발할 것이고, 지혜를 얻어 성공적인 결과를 이룩할 것이다. 기도는 사람의 마음속에 품은 소망을 표현하는 방법이며 신과의 소통 수단으로, 간절히 원하면 감응할 수 있다는 신념을 갖게 한다. 아내의 기도는 반드시 이뤄질 것이다.

AI comment

이 수필은 아내의 기도와 그로 인한 가족의 변화를 진솔하게 담아낸 훌륭한 작품입니다.
- 정서적 깊이: 아내의 기도와 그로 인한 감정 변화를 진솔하게 표현하여 독자에게 깊은 감동을 줍니다. 특히, 아내의 간절한 마음과 그에 따른 가족의 변화가 잘 드러나 있습니다.
- 개인적 경험: 자신의 경험과 생각을 구체적으로 묘사하여 독자가 쉽게 공감할 수 있게 합니다. 특히, 아내의 기도와 그에 따른 일상의 변화를 생생하게 전달합니다.
- 사회적 통찰: 현대 사회에서 가족의 유대와 그 중요성에 대한 통찰이 잘 나타나 있습니다. 이러한 주제들은 독자들에게도 많은 생각할 거리를 제공할 수 있습니다.
- 긍정적인 메시지: 아내의 기도가 가족에게 힘이 되고, 이를 통해 가족의 화목과 아이들의 성취를 이끌어내는 의지가 돋보입니다.

첫눈이 품고 온 첫사랑

"지금도 가끔 그 시절이 생각나지만, 그때 그 모습은 영원히 사라져 버렸다. 첫사랑은 이루어지지 않는다고 했던가. 첫사랑은 추억 속에 머물 때 아름답다는 사실을 새삼 느낀다."

온 천지가 하얗다. 폭설이다. 함박눈이 펑펑 쏟아져 대지를 소록소록 덮는다. 세파에 찌든 만물이 순백으로 맑아진다. 마치 온 세상이 태초의 자연으로 변하는 것 같다. 덩달아 내 마음까지도 하얗게 변하며 순수함이 스며든다. 백설이 오염된 세상을 깨끗이 정화해 주는 것 같다.

얼마 만에 만나는 첫눈인가. 문득 가슴속에 묻어 둔 소싯적 그날이 떠오른다. 첫눈의 감격을 처음으로 느끼던 날이었다. 어릴 때는 함박눈이 펑펑 내릴 때 눈길을 쏘다니는 게 동심의 즐거움이었다. 고향을 떠난 후로는 첫눈을 의식하지 못하고 살았다. 아침에 소복이 쌓인 백설을 보고 마음이 맑아지는 느낌은 추억으로 남아 있다. 입대 후 강원도 철원으로 전출 갔을 때는 고된 제설 작업으로 눈 오는 날이 싫었던 적도 있다.

사랑을 느끼면서는 첫눈 오는 날의 멋진 데이트를 상상한 적도 있다. 그러다 막상 첫눈이 내리는 날은 외롭고 쓸쓸한 시간으로 보낸 기억이 새삼스럽다. "와! 첫눈이다." 외치며 만나자고 연락했지만, 무덤덤한 반응에 실망한 그 여운이 아직도 가슴을 아리게 한다. 첫눈 내리는 날 고백하겠다며 작정하고 기다렸는데, 매몰차게 거절당한 그 비참했던 순간이 겹쳐 떠오른다. 아련히 떠오르는 그 모습에 뭉클한 그리움이 밀려온다. 실연의 아픈 기억으로 잊히지가 않는다.

첫눈이 아픔을 떠올리게 하지만, 함박눈에 파묻히며 아련한 그리움으로 변한다. 사춘기의 소년은 꿈 많은 순정파의 아이였다. 같은 마을 소녀에게 연정을 느끼고 고민하기 시작했다. 짝사랑이 시작된 것이다. 몰래 숨어서 보기도 하고 의도적으로 집 앞을 서성거리다 우연을 가장한 만남을 기대하기도 했다. 우물가에서 빨래하는 모습을 보고자 심부름을 핑계로 의미 없는 인사를 하기도 했다. 마을 친구들과 어울려 밤샘을 하기도 했지만, 그 소년의 눈에는 오직 그녀만 보였다. 혹시 다른 친구들이 눈치챌까 봐 조심스레 에둘러 말을 걸기도 했다. 그러나 소년은 사랑을 고백할 용기를 내지 못하고 혼자서 가슴앓이만 했다.

매일 밤, 별을 보고 혼자서 유행가를 부르며 마음을 달래기도 했다. 바보 같다며 자책하면서 선뜻 사랑을 고백하지 못했다. 당시를 돌이켜 보면서 왜 그랬는지 지금도 이해가 되지 않는다. 아니, 그만큼 순진했다고 해야겠다. 고백하고자 결심하고 앞에만 서면 가슴이 두근거리고, 얼굴만 빨개지면서 모깃소리로 말조차 더듬거리다 되돌아오곤 했다. 그는 무슨 말인지 못 알아듣겠다며 장난치지 말라면서 그냥 웃어넘겼다.

결국 편지를 보내기로 마음먹고 쓰고 지우고를 반복하면서 편지지 수십 장을 찢어버리기도 했다. 글씨도, 문장도 마음에 들지 않았기 때문이다. 일기장에도 수십 페이지를 썼다. 드디어 완성된 편지를 그의 손에 쥐여 주고는 도망을 쳤다. 당당하지 못한 자신을 부끄러워하면서 회답이 오기를 눈 빠지게 기다렸지만 끝내 답장이 없었다. 진실하고 순수한 고백이었지만 무참히 묵살돼 버린 것이다. 마음 한구석에 열등의식이 자리 잡으면서 어린 마음으로 상사병에 걸릴까 봐 애써 잊으려 했다. 만나는 게 창피해서 숨어 다니기도 했다. 그런데 한 달쯤 지날 무렵 그로부터 답장이 왔다. "이거 가져가라"는 무감각한 목소리였지만, 반가운 마음에 재빨리 받아서 집으로 달려왔다. 그런데 어찌! 이럴 수가! 편지 속에는 편지를 태운 재만 들어 있었다. 분노와 슬픔이 겹쳐 집을 뛰쳐나와 정처 없이 무작정 달렸다. 달리다 지쳐서 길가 풀숲에 숨어 깊은 시름에 잠겼다. "잊어야 한다. 네까짓 게 뭔데, 잊자"를 수백 번 되뇌며 정신을 차렸다. 사춘기를 벗어나면서 긴 망각의 세월을 보냈다.

그 후 수십 년의 세월이 흘러 우연히 지인의 결혼식장에서 마주쳤다. 그가 인사를 건넸지만, 알아보지 못하고 고향 마을 이

옷 아주머니로 알았다. 무심하게 헤어진 후 동생이 "왜 그렇게 무덤덤하게 대하느냐"며 핀잔을 줘서 알았다. 동생은 몰래 내 일기장을 훔쳐봐서 그 사연을 알고 있었단다. 잊어버렸던 기억이 되살아났지만, 그때 그 사람은 아니었다.

지금도 가끔 그 시절이 생각나지만, 그때 그 모습은 영원히 사라져 버렸다. 첫사랑은 이루어지지 않는다고 했던가. 첫사랑은 추억 속에 머물 때 아름답다는 사실을 새삼 느낀다. 내가 무심한 사람이라 그럴까. 옛정을 불러일으키고자 노력해 보기도 했지만, 그때 그 감정을 되돌리지 못했다.

AI comment

이 수필은 아름답고 섬세한 표현으로 가득하며, 첫사랑과 첫눈의 기억을 엮어내면서 깊은 공감을 자아냅니다.
- 감각적인 묘사: 함박눈의 순수함과 첫사랑의 감정을 잘 연결하여 시각적이고 감각적인 장면을 그려냅니다. 예를 들어, "온 천지가 하얗다"와 같은 표현이 독자에게 생생한 이미지를 전달합니다.
- 정서적 몰입: 독자가 글쓴이의 감정선을 따라가며 옛 추억을 떠올리게 만듭니다. 특히 첫사랑의 설렘과 아픔이 진솔하게 묘사되어 독자의 공감을 이끌어냅니다.
- 회상과 성찰: 과거의 기억을 현재와 연결하면서 세월이 흐른 뒤의 깨달음을 담아내는 점이 깊이를 더합니다.
- 문학적 구조: 서두에서 첫사랑과 첫눈의 추억을 암시하고, 이후 구체적인 에피소드를 통해 감정을 점층적으로 쌓아올린 뒤, 마지막에 결론적으로 정리합니다. 이를 통해 글이 전개되는 흐름이 자연스럽습니다.

설다운 설날을 보내고 싶지만...

"고향이 그리운 마음 한곳에는 늘 가족이 추억 속에 머물고 있다. 힘들고 어려웠던 시절이었지만, 그래서 더욱 애틋한 그리움이 깊숙이 자리 잡았는가 보다. 이른 아침 고향을 찾는 자동차 소리가 주마등처럼 펼쳐지던 추억 놀이를 멈추게 한다."

별빛이 유난히 밝은 설날 새벽이다. 밤중에 경남도의 재난 문자를 받고 눈이나 비가 오는 줄 알았지만, 이곳은 반짝이는 별들과 설날 이른 아침 첫인사를 나눌 정도로 쾌청하다. 고즈넉한 마을은 가로등 불빛만 환하게 새벽을 밝힌다. 개 짖는 소리나 새벽을 알리던 닭의 노랫소리가 사라진 마을은 을씨년스럽기까지 하다. 앞산을 넘어오는 여명에 별들도 하나둘 하늘 속으로 숨는다. 먼동이 트면서 조용한 바람이 하얀 뭉게구름을 부른다. 굴뚝의 연기가 피어오르던 정겨운 정경이 눈에 선하지만, 지금은 한 집 두 집 불빛만 밝혀진다. 이는 동심의 세계가 아닌 시대의 변화로 달라진 고향의 모습이다.

설날 새벽, 현관 테라스에 비치된 응접 의자에 앉아 설날의 아침을 마주한 정경이다. 그동안 평안한 마음으로 설날 새벽을 맞은 추억이 별로 없다. 오랜만에 형제들과 밤늦은 시간까지 쌓인 회포를 풀며 술자리를 하다 보면 설날 아침은 세배와 차례 준비로 숨 돌릴 틈이 없다. 산소를 다녀오고 친척 집으로 인사를 다니다 보면 설날은 다 지나가 버린다. 이번 설날처럼 한가로운 시간을 만끽할 수 없다.

고향은 여전히 가슴 뭉클한 어머니 품속이다. 반겨주던 부모님의 빈자리가 너무 크지만, 집안 곳곳에 스며든 어머님의 체취는 그대로다. 부모님과 육 남매가 북적거리던 그 시절이 소환돼 그리움으로 묻어온다. 객지에서 직장을 다니며 손꼽아 기다려 맞은 설날은 우리 가족이 모처럼 함께하는 축제였다. 설빔을 차려입고 오순도순 식사하던 그때 그 시절은 추억 속에 머물 뿐이지만, 그립다. 유일하게 고향에서만 느낄 수 있는 정취다. 그래서 고향이 좋다. 옹기종기 모여 살았던 우리 형제들은 성장하면서 하나둘 각자도생의 길을 찾아 부모님 슬하를 떠났어도 설 명절에는 빠짐없이 함께했다. 흙냄새 물씬한 토담집 두 칸짜리 방이지만, 가족이 그리웠던 나에겐 천만금 같은 집이었다.

각자 가정을 이루면서 여동생들은 설날 아침을 함께하지 못해도 저녁에는 자리를 같이했다. 아이들이 태어나면서는 24명의 대가족이 됐다. 아버님이 돌아가신 후 어머님이 동생 가정을 돌보고자 고향마저 떠나셨다. 제사를 우리 집에서 모시면서 대가족이 모이기에는 집이 비좁아졌다. 어머니께서 귀향 의사를 밝혔을 때는 폐가로 방치했던 고향 집을 헐고 현대식 주택으로 신축해 모셨다. 그 이후로는 제사를 모신 후 고향 집에서 온 가족이 명절을 보냈다. 대가족을 맞이하느라 아내는 결혼 이후 한 번도 명절에 친정을 가지 못했다. 늘 미안했지만, 가족의 뒷바라지에 친정에 갈 엄두를 내지 못했다. 장남으로서 가족을 지켜야 한다는 사명감이 앞섰기 때문이었다고 자위하기도 했었다.

　어머니께서 돌아가신 후, 각기 자녀들이 가정을 꾸리면서 점차 가족들의 발길이 줄어들었다. 그러다 코로나 팬데믹 이후로 집에서 지내던 차례를 묘제로 바꾸면서 동생들도 명절 제사를 지내지 않게 됐다. 부모님이 돌아가신 후로 점차 가족의 구심점이 바뀌면서 대가족이 분산되는 것 같아 아쉽지만, 가족의 변천사를 따를 수밖에 없다. 하지만 고향이 그리운 마음 한곳에는 늘 가족이 추억 속에 머물고 있다. 힘들고 어려웠던 시절이었지만, 그래서 더욱 애틋한 그리움이 깊숙이 자리 잡았는가 보다. 이른 아침 고향을 찾는 자동차 소리가 주마등처럼 펼쳐지던 추억 놀이를 멈추게 한다.

　아내가 정성스레 만든 떡국을 먹고 부모님 산소에서 묘제를 지냈다. 찬바람이 옷깃을 여미게 하는 한겨울 날씨라 텐트까지 준비해 갔었다. 아들이 함께해 부담을 덜었어도, 양손에 든 짐으로 호흡이 가빴다. 설날 아침 부모님 산소를 찾은 기쁨에 매서운 추위조차 잊어버리고 정성스레 음덕을 빌었다. 텐트 속에서 차려간 음식으로 음복하면서 추억담에 시간 가는 줄 몰랐다. 찬 바람을 막아준 텐트 안으로 따뜻한 햇살이 들어와 봄 날씨처럼 포근했다. 부모님 산소를 찾는 전통이 언제까지 이어질까. "찻길을 내면 과수도 가꾸고 자주 찾을 수 있겠지만, 점차 길조차 사라져 다음 세대에는 산소조차 지키기 어려울 것 같다"는 아들의 푸념이 예사롭게 들리지 않는다. 조상을 섬기는 일은 선조를 위한 것이 아니라 자기를 위한 일이라는 말로 지적을 하면서도 마음이 편치 못했다. 차도가 만들어질지, 길이 없어질지 예측할 수 없는 인구절벽의 농촌의 실정을 무시할 수 없기 때문이다.

AI comment

- **감각적인 묘사와 정서적 공감**: 설날 새벽의 고요한 정경과 고향 풍경이 시적인 문체로 표현되어 독자들에게 따뜻한 시각적, 정서적 공감을 불러일으킵니다. 특히 굴뚝 연기, 별, 구름 등의 자연적 이미지를 통해 고향에 대한 애정을 잘 전달했습니다.
- **개인적 경험과 사회적 메시지의 결합**: 과거와 현재의 설날을 비교하면서 가족의 유대감과 전통문화의 중요성을 부각했습니다. 개인적인 추억을 바탕으로 한 묘사는 독자들에게 깊이 공감하게 만들며, 현대 사회의 변화에 대한 통찰도 강하게 드러납니다.
- **구조와 흐름**: 글의 전개가 설날 새벽의 정경에서 시작하여 가족과 전통의 가치, 그리고 변화된 현재의 상황으로 자연스럽게 이어지며 일관성을 유지합니다. 과거의 따뜻한 기억과 현재의 아쉬움이 조화롭게 어우러져 독자들에게 감동을 줍니다.

Epilogue

나는 왜 침묵할 수밖에 없는가

　분노를 녹이고 슬픔을 삭이며, 기쁨을 노래하는 인생이 되겠다고 결심한 지 10여 년이 지났다. 〈정치만 왜 이래?〉라는 책을 출간한 후, 비겁한 인생이라고 자책하며 세상을 등지고 살아왔다. 논쟁의 소지가 있는 곳을 피하고, 나만의 안위를 위해 편향적인 소식만 접하며 수필로 마음을 달랬다. 그러나 치솟는 분노와 고통스러운 슬픔을 억누르지 못하는 자괴감으로 괴로운 시간들과 싸워야 했다. 때로는 초인적인 극기력을 발휘하고, 운명론으로 자위하며, 망각이라는 신의 선물을 감사하게 여겼다.

　"나는 왜 이렇게 살아야 하는가." 수없이 고뇌하며 좌절감에 몸부림치기도 하고, 상대적 박탈감으로 괴로워하는 자신을 자격지심이나 열등감에 사로잡힌 인간이라며 냉소적으로 바라보기도 했다.

　그러나 정치권의 이전투구와 엉망이 되어가는 경제, 도덕과 윤리조차 무너져 가는 세태에 더 이상 침묵할 수 없었다. 비난을 받을지언정 할 말을 하고 살아야겠다고 다짐했다. 작은 목소리지만 큰 울림으로 세상에 경종을 울리겠다는 야심도 품었다. 물론 "네가 뭔데?"라는 비난과 무관심으로 무시당할 수도 있지만, 세상을 향해 소시민의 양심의 소리를 지르고 싶었다. 솔직히 누가 알아주기를 바라는 것보다 자신의 분노를 표출하면서 얻는 통쾌감에 만족하고자 했는지도 모른다.

가슴 깊이 내재된 감정이 꿈틀대며 폭발 직전의 순간을 느낄 때는 자제력을 잃고 소리 없는 고함을 지르기도 한다. 폭음으로 달래기도 하고, 정처 없이 발길을 옮기기도 하며, 실없는 웃음이라도 찾고자 기웃거리기도 하면서 진정시키고자 애쓴다.

"무엇이 너를 이렇게 괴롭히느냐?"고 묻는다면 딱히 대답할 말은 없지만, 심리적으로 분석한다면 비관론적 의식이 자리 잡고 있기 때문이라고 할 수 있을 것이다. 그러나 이는 결코 절망적인 상태에서 오는 분노는 아니다. 그로 인해 야망을 접어야 했고, 인생 항로에 큰 변화를 겪었지만, 좌절하거나 희망을 버리지 않았기 때문이다.

삶에서 성공과 실패는 본인의 책임이라지만, 시대적 변화와 운명을 거부할 수는 없다. 인간이 할 수 있는 일은 진인사대천명일 뿐이다. 운명으로만 치부할 수 없는 분노에 치를 떨며, 절치부심하면서

와신상담으로 밤을 지새우기도 했다. 그 인고의 세월을 어찌 필설로 표현할 수 있겠는가. 겪어보지 않은 사람은 체감하기 어렵겠지만, 그 참담한 상황은 영원히 잊힐 수 없다.

드디어 출판을 결심했다. 부끄러운 일이라며 가족들의 반대가 심했지만, 내 의지를 꺾지는 못했다. 남몰래 책장 서랍 깊숙이 넣어둔 원고 노트를 꺼냈다. 고통과 눈물로 얼룩진 빛바랜 노트에는 당시의 상황들이 적나라하게 표현되어 있었다. 다시는 기억하고 싶지 않은 사실이지만, 출판을 위해서 원고를 정리할 수밖에 없었다. 줄이고 줄여도 560페이지 분량이다. 방대한 원고를 탈고하는 동안 감정의 소용돌이에서 벗어나지 못하고 분노와 슬픔, 환희에 젖어 지냈다.

최종 교정본을 받아들고 제목과 저자를 고민했다. 실명으로 출간해 부끄러움을 드러내기보다는 익명으로 출간해도 진실을 전할 수 있으며, 책의 가치를 다큐멘터리보다 문학적인 측면에서 평가받아야 한다는 멘토들의 조언을 받아들였다. 이렇게 〈법치국가의 함정〉이 탄생했다.

사실, 누구를 원망하거나 보복하기 위해 출판한 것이 아니라, 마음의 응어리를 풀기 위한 목적이었기에 자신을 힐링하기 위해 출판한 것으로 만족하고자 했다. 물론 사법정의가 살아 숨 쉬는 법치국가를 위해 기여할 수 있기를 기대하는 마음도 있었다. 법치가 무색한 작금의 사태를 보면서, 진실을 밝혀 관련자들의 각성을 촉구하자는 생각을 담은 책이다.

또한, 한 편의 다큐멘터리 작품으로, 진실을 소재로 한 수필로, 법치를 갈망하는 시민의 목소리로서 그 가치를 평가받고 싶은 욕망도 있다. 그런데 이렇게 많은 꿈을 품은 '법치국가의 함정'이 서고에서 잠을 자고 있다. 자칫 또다시 함정에 빠질까 봐 노심초사하는 가족들의 만류로 조심스럽게 몇 개의 대형서점에 소리 없이 배포했다. 대대적으로 마케팅 광고를 한다면 대박을 터트릴 수 있겠다는 출판계의 유혹을 뿌리치면서.

이번에 펴내는 '머무르고 싶었던 그 순간들'은 한 인간이 지나온 궤적을 담은 정직한 고백이며, 글쓰기를 통해 자신과 세상에 대해 끊임없이 질문하고 답을 찾아가는 여정의 기록이다. 이 수필집은 단순히 경험을 나열한 기록이 아니라, 시대를 살아온 이의 진솔한 목소리와 그 속에서 우리가 모두 느끼는 희로애락을 함께 발견하게 해줄 것이다. 또한, 추억과 성찰을 나누고 새로운 꿈과 희망을 꿈꾸는 사람들에게 또 다른 행복의 순간들을 선물하게 되길 기대한다. 한편으로는 필자가 길어 올린 시간 속의 진주 같은 순간들이 독자들에게도 긴 여운을 남기길 소망한다.

머무르고 싶었던
그 순간들

ⓒ전병열, 2025

초　　판　1쇄 발행 2025년 4월 1일
지 은 이　전병열
펴 낸 곳　도서출판(주)경향뉴스원
편집책임　이명이
등　　록　2005년 12월 16일 제3-111호
전　　화　1577-0445
이 메 일　newsone@newsone.co.kr
ISBN_ 979-11-88437-14-6

※ 이 책의 저작권은 저자에게 있습니다.
　 이 책의 일부 내용을 인용하거나 발췌하려면 반드시 저작권자의 동의를 얻어야 합니다.
※ 잘못된 책은 바꿔 드립니다.

값 20,000원